한글운동의
선구자

주시경평전

한글 운동의 선구자 **주시경 평전**

———

초판 1쇄 발행 2021년 9월 23일

지은이 김삼웅
펴낸이 한종호
디자인 임현주
인쇄·제작 JK프린팅

펴낸곳 꽃자리
출판등록 2012년 12월 13일
주소 경기도 의왕시 백운중앙로 45, 207동 503호(학의동, 효성해링턴플레이스)
전자우편 amabi@hanmail.net
블로그 http://fzari.tistory.com

———

ISBN 979-11-86910-32-0 03910
값 15,000원

한글운동의
선구자

주시경평전

김삼웅 지음

 꽃자리

목차

◇

12장 생애의 마지막 길

13장 추모사업과 업적 평가

한글의 뿌리와 주시경

한힌샘 주시경 선생은
누구인가

◇

우리나라의 심장부 서울 광화문 광장에는 세종대왕과 이순신 장군 동상이 자리잡고 있다. 문(文)의 세종 임금과 무(武)의 이순신 장군상이다. 두 분이 함께 조선왕조의 중심인물이다.

조선왕조 500년과 대한민국 건국 100년, 해서 600년 동안 우리나라에 가장 크게 기여한 인물은 누구일까? 그보다 앞으로 당겨서 왕건이 고려를 세운 718년부터 이성계의 쿠데타로 붕괴되기까지 472년을 포함하여 대략 1천여 년 동안 우리 민족에 가장 큰 기여를 한 인물과 업적은 누구이며 무엇일까?

대륙국가이던 고구려와 발해가 망한 이래 한민족은 반도국가로 전락하여 970여 차례의 크고 작은 외침을 받아왔다.

조선 선조 때는 왜군의 침략으로 7년 동안 백성은 어육이 되고, 강토는 쑥대밭이 되고, 인조 때는 임금이 적장(청국) 앞에 머리를 조아리는 수모를 당하였다. 그러다가 1910년 일제에 병탄되어 35년 동안 백성은 왜적의 모진 종살이를 하고 강산이 초토화 되었다.

줄기찬 독립전쟁 끝에 해방을 맞았으나 또 다른 외세에 의해 국토의 허리가 동강나고, 겨레가 둘로 갈라졌다. 그리고 대리전인지 멍청한 짓거리인지 3년의 동족상쟁을 치렀다. 이후 두 쪽으로 갈린 남북의 정권은 냉전과 탈냉전을 오가면서 70년을 보냈다. 적대와 경쟁과 화해를 반복하면서 오늘에 이른다.

다시 묻는다. 지난 1천여 년 동안 우리 민족사에 가장 크게 기여한 인물과 업적은 누구이며 무엇일까?

그 사이 우리 민족에 허다한 위해를 끼쳤던 이웃 국가들, 예컨대 대륙의 여진·만족·몽골·말갈 등은 자취도 없이 사라지거나 왜소한 상태로 남아 있다. 특히 인류역사상 가장 광대한 영토를 지배했던 몽골제국은 90년 만에 시들고 지금은 초라한 후진의 모습을 보인다.

프랑스의 사상가 자크 아탈리는 "북한 변수만 없으면 한국이 앞으로 세계의 중심이 될 수 있을 것이다"라고 내다본다. 가능할까? 가능하다면 그 DNA의 원형은 무엇일까?

유라시아를 제패했던 몽골은 그들 고유의 문화가 없어서 90년 만에 제국에서 몰락하고, 중국 역사상 가장 광대한 영토를 장악했던 청나라의 만주족은 지금 만주어를 할 수 있는 사람이 10명

제1장 한글의 뿌리와 주시경

도 안 될 만큼 역사의 무대에서 사라졌다.

우리 민족사에 가장 크게 기여한 인물과 업적을 다시 묻는 질문은 의미가 없겠다. '인물'에 대해서는 다소 이의가 있을 지 몰라도 '업적'은 일치하지 않을까 싶기 때문이다.

약간 긴 길을 돌아서 온 것은 '한글'에 대한 가치를 인식하기 위해서다. 한글이 없었다면 우리 민족은 대륙민족이나 왜족에 동화되고 말았을 지 모른다. 만족·여진·말갈 그리고 일본에 합병된 류우쿠우(琉球) 족처럼 말이다.

한글은 지난 700년 동안 한민족의 정체성이고, 분단 70년이 되는 지금 남북 겨레의 공통점이다. 남북 8천 만 겨레와 해외 교포·교민 800만의 원형질이다. 이 원형질은 한국어(조선어)를 통해 공유된다. 세계 200여 국가 중에서 우리가 통역 없이 대화가 가능한 언어는 한국어뿐이다.

세종이 1443년 12월 "백성을 가르치는 바른 소리"라는 뜻의 훈민정음(訓民正音)을 창제하고 많은 책을 훈민정음으로 펴냈다. 특히 의서·농서 등 백성들이 실생활에 필요한 책과 어린이와 여성들을 위한 교훈서 등이 많았다.

예나 지금이나 일반 백성·국민을 위하고자 하는 정책에는 기득권 세력의 거센 도전이 따른다. 세종 당시 최만리 등 조정의 중신들과 각지의 유생들이 드세게 반발하고 나섰다. "중국과 다른 문자를 만드는 것은 사대의 예에 어긋나며, 중국과 다른 문자를 쓰는 나라는 오랑캐들 뿐"이라고 반대가 극심했다.

군왕이 훈민정음을 창제·반포하였지만 지배층에서는 19세기까지 언문(諺文)이라 비하하고, 어린이와 부녀자들의 글로 치부되었다. 말(언어)은 한국어로 하면서 글(씨)은 한문으로 쓰는 실정이었다. 양반 지배층은 여전히 한문(한자)을 자신들의 '모국어'로 사용하면서 글이 백성들과 공유되는 것을 저지하였다.

한글의 수난사는 책으로 써도 여러 권이 될 정도로 극심하였다. 연산군 때에는 '언문'의 사용과 학습을 금지하고 언문 서적을 불태웠다. 일제강점기에는 아예 한글을 말살시키고자 온갖 책동을 일삼았다. 미군정은 초기에 한국에서 영어를 공용어로 사용케 하려 들었다.

지금은 다른 형태로 한글이 위기에 봉착하고 있다. 유치원 때부터 영어를 배우고, 대학 졸업 때까지, 회사 취직용으로 영어에 매달리는 세태가 되었다. 힘이 센 자들은 미국 등 영어권 나라에 가서 출산하기도 한다.(여기에는 병역 기피의 목적도 따른다.)

훈민정음(한글)에 대해 가해자들이 많았지만 이를 지키고 연구하고 다듬어 온 분들도 적지 않았다. 초기부터 수백 년 동안 '언문'으로 천시되어온 훈민정음을 '한글'로 이름하고 전 생애를 한글 연구와 맞춤법의 과학적 연구에 바친 선구자가 있었다.

독립협회에 참여하고, 순한글 신문인 〈독립신문〉의 교정원으로 일하면서 협성회를 창립하여 〈협성회보〉를 발간하고, 조선문동식회(朝鮮文同式會)를 결성한 후 한글기사체의 통일과 연구에 힘쓰는 한편, 경향 각지의 여러 학교와 강습소를 다니며 한글을 가르치고 보급하였다.

나라가 기울던 1905년 국어연구와 사전편찬에 관한 건의를 정부에 제출하고, 1907년 정부 내의 학부(學部)의 국어연구소 위원으로 들어가서, 나라가 망해도 국어만은 지켜야 한다는 신념으로 일하였다. 국치의 해인 1910년『국어문법』을 지었고, 최남선이 창설한 광문회에서 간행되는 국어관계 서적의 교정과『말모이(국어사전)』의 편찬 책임을 맡았다.

한말과 일제강점 초기에 한글연구와 우리글 지키기에 온 힘을 쏟고, 최현배 · 김두봉 · 권덕규 · 염상섭 · 변영태 · 현상윤 · 신명균 · 이규영 · 장지영 · 이병기 등 기라성 같은 제자들을 키워, 해방 후 남북에서 한글운동의 선두주자로 만들었다.

1914년 국내의 독립운동 동지들이 수감되자 해외망명을 준비하던 중 급환으로 38살에 별세하였다. 그분은 누구일까? 한힌샘 주시경(周時經, 1876~1914) 선생이다. 어느 독립운동가 못지 않은 애국자이고, '한글'이란 이름을 창안한 세종대왕의 후계자라 하겠다. 그의 이름과 행적을 아는 이 얼마나 될까. 한힌샘 선생의 평전을 쓰게 된 이유이다.

영어 광풍에
한글의 세 번째 위기

◇

몇 해 전(2017년) 통계청이 발명의 날(5월 19일)을 맞아 페이스북 이용자를 대상으로 '우리나라를 빛낸 발명품 10선'을 뽑았다. 조사는 특허청 전문가 그룹이 사전에 선정한 발명품 25가지를 제시하고, 1인당 3개씩을 추천하도록 하는 방식으로 이루어졌다. 페이스북 이용자 5,700명이 조사에 참여했고, 유효응답수는 1694개였다.

〈훈민정음〉은 이번 조사에서 전체 유효응답의 32.8%를 얻어 최고의 발명품으로 꼽혔다. 응답자들은 〈훈민정음〉을 최고의 발명품으로 꼽은 이유에 대해 "세종대왕과 신하·국민이 함께 만든 상생의 이모티콘이다. 한국인의 자부심과 긍지가 느껴지는 최고의 발명품이다"라는 등의 의견을 밝혔다. 〈훈민정음〉에 이어 2, 3위로 꼽힌 발명품은 거북선(10.8%)과 금속활자(14.7%)였다.[1]

〈훈민정음〉은 우리민족 최고의 발명품임과 동시에 겨레의 정체성과 동질성을 일깨워 주는 상징이며, 문화유산이고 현재와 미래의 가치이다. 유엔(UN) 산하 유네스코는 1990년부터 해마다 문맹 퇴치에 공이 많은 개인이나 단체에 '유네스코 세종대왕 문해상'을 주고, 1997년에는 『훈민정음 해례본』과 세종대왕의 공포문 그리고 집현전 학자들의 해설 및 해례를 세계기록 유산으로 지정하였다.

몇 해 지난 일이지만 영국의 옥스퍼드대학에서 세계 각국의 언어를 분석한 결과 합리성, 과학성, 독창성을 기준으로 선정한 문자 순위에서 한글이 1위를 차지했다. 일본인으로 『한글의 탄생』을 쓴 디자인 연구가 노마 히데끼는 한글 지형의 과학적 조형성을 극찬하면서 한글을 "세계문자 역사의 기적"이라며 "세계적인 보물"이라고 찬탄했다.

573년 전에 만들어진 한글은 "컴퓨터나 휴대전화 문자입력에서 한자나 일본어보다 7배 가량 빨라 중국과 일본에 대한 국가경쟁력을 높이는 데도 일조한다. 문자입력 속도는 정보검색과 전송속도를 결정하며, 이 속도는 지식정보화 시대의 개인과 기업, 나아가 국가 경쟁력과도 직결되기 때문이다."[2]

---

1 〈경향신문〉, 2017년 5월 19일치.
2 신승일, 「홍익 한글과 한류」, 〈한겨레〉, 2006년 6월 19일치.

주시경 선생은 "말(언어)이 오르면 나라도 오르고, 말이 내리면 나라도 내린다"고 말하였다. 한국어와 한글로 제작된 영화·드라마·문학·음악(K팝) 등이 국제무대에서 세계인들의 관심을 모으고, 한국의 국력이 신장되면서 한글이 다시 떠오르는 상승작용을 하고 있다. 한국 영화나 드라마를 보고 K팝을 듣고, 한국어(한글)를 배우려는 외국인이 급증하는 추세이다.

그런데 문제는 나라 안의 또 다른 사정이다. 외국어 특히 영어에 대한 광풍이 사그러들기는커녕 날이 갈수록 심화되어 가고 있는 현상이다. 도심의 웬만한 간판은 영어투성이고, 신문 등 활자 매체는 제목부터 영어나 영문 약자를 공공연히 사용한다. 초등학생부터 대학 졸업생까지 영어공부에 매달리고, 각급 시험에서도 영어는 빠지지 않는다. 국제화시대에 영어는 배워야 하지만 우리나라 국민처럼 성장기의 중요한 시기에 외국어에 전력투구하는 나라는 유례를 찾기 어려운 실정이다.

영어를 공용어로 하자는 '현대판 최만리'들이 적지 않고, 일부 상류층 가정에서는 영어를 거의 상용하는 경우도 있다고 한다. 각종 연구논문에는 영어로 약술하는 것이 일반화되었고, '원서'라면 "원래의 판본"을 말할진대, '영어로 된 교재'를 일컫게 되었다. 왕조시대의 한자 상용, 일제강점기의 일본어 상용에 이어 지금 영어가 우리말과 우리글을 심각하게 침식하고 있다. 앞의 두 경우 못지 않은 위기 상태이다.

영어 사용이 세계적인 추세에서 이참에 아예 영어를 공용어로 택하자는 자들도 적지 않다. 일제강점기에 한국어와 한글을 쓰지 말고 일본어를 상용하자고 총독부에 건의하고 일어를 상용하는 무리들이 있었다. 영어 상용론자들은 그들의 정신적 후예들이다. 이들은 영어 상용국가들은 모두 선진국이 되고 있다면서도 인도나 필리핀 등은 열거하지 않는다.

영어에 중독되어서인지 최근에는 영어식 작명까지 유행하고 있다. "말리(茉莉), 수지(秀志), 리나(莉那), 지오(智娛), 난시(蘭詩) 등 일일이 열거하기 어렵다. 연예인, 가수들 중에서 특히 심한 것 같다.

한글은 우리 선열들이 피와 땀을 더러는 생명까지 바쳐 지키고 연구하고 보급해온 민족의 보물이고 자산이다. 해방 70년이 더 지났는데도 여전히 왜색용어가 남발한다. 20대 국회말 이은재 자유한국당 의원은 민의의 전당이라는 국회에서 조롱을 의미하는 '야지', 견제라는 뜻의 '겐세이', 분배라는 의미인 '분빠이' 등 일본어를 잇따라 사용하여 왜색용어의 왕성함을 보여주었다. 왜색용어와 무분별한 영어 광풍과 정부 공공기관, 자치단체 그리고 언론기관에서 외래어를 남발하고 있는 등, 지금은 한글의 역사상 가장 심각한 위기를 맞고 있는 것이 아닌가 싶다.

여기에 분단 70년이 지나면서 남북간의 이질화된 언어의 문제도 심각한 국면이다. '언어 민족주의'를 마치 낡은 민족주의로 배척할 것이 아니라, '민족언어'가 사라지면 그 민족(종족)도 자취를 감추게 된다는 경위를 안다면, 남북문제를 이데올로기나 정치·군사문제 이전에 언어 문제도 심각하다는 점을 생각해야 할 것이다.

한말 격변기부터 일제강점 초기 민족수난의 시대에 언론인·계몽운동가·교육자·국어학자로서 '국어연구의 선구자'로 평가받는 주시경 선생과 그의 제자들이 있었기에 한글·국어가 지켜질 수 있었고, 널리 보급되어 오늘에 이른다.

남북에서 함께 존경받는 독립운동가들이 있다. 안중근·홍범도·신채호 등이다. 여기에 주시경도 못지않다. 주시경 선생의 제자로서 해방 후 북쪽으로 간 한글 학자인 김두봉과 이극로 등의 역할 때문이다. 이들이 있었기에 북한에서는 분단 초기부터 한글이 전용되었다.

제1장 한글의 뿌리와 주시경

2장

출생과 성장기

황해도에서
가난한 선비의 아들로 태어나

◇

국어 국문의 과학적 개척자요 획기적 선구자로 우리 국민 모두
가 추앙해 받드는 주시경 선생은, 오로지 위대한 국어학자이기
앞서 그는 실로 민족 국가의 현실과 장래를 깊이 걱정하는 일념
으로 온갖 정성과 힘을 몸이 마르도록 겨레 위하는 길에 바친 참
다운 애국자이었던 사실을, 우리 후진들에게 좀 더 깊이 인식하
게 하고, 좀 더 성실히 그 유지를 받아 조국 부흥에 정진하기를
염원하는 뜻에서….[1]

주시경은 1876년 11월 7일 황해도 봉산군 쌍산면 무릉골에서
아버지 주학원(周鶴苑)과 어머니 전주 이씨 사이에서 6남매 중 둘

1　정인승, 「나라말·글·얼의 선구자」, 『나라사랑』, 제4권, 12쪽, 외솔회, 1971.

째 아들로 태어났다. 아버지는 청빈한 시골 선비였다고 한다.

부모의 고향은 황해도 평산군 인산면 차돌개였는데, 아버지는 청빈한 문필가로서 『구암집(龜岩集)』을 짓고 82살까지 장수하였다. 나중에 봉산군 무릉골로 이사하여 주시경을 비롯 6남매를 낳았다. 아버지는 32살, 어머니는 29살에 주시경을 낳고, 둘째 아들이었다.

"형제들이 연년생임과 집이 가난함과 젖이 넉넉하지 못함과 낳던 다음해에 큰 흉년이 들었던 때문에, 그 작은 양도 채우지 못하여 몇 번인가 기절한 일도 있었으며, 그 어머니와 누님이 도라지를 뜯어다가 죽을 쑤어서 어린 형제들의 나이 차례로 분배하였다고 한다."[2]

주시경의 어릴 적 이름은 주상호(周相鎬)였는데, 나중에 시경(時經)이라 고치고, 아호를 한힌샘(白泉)이라 지었다. 시경이란 때때로 경전을 읽는다는 뜻으로 즉, 글 공부를 열심히 하겠다는 의지의 표현이고, 한힌샘은 결코 마르지 않는 깨끗한 샘물을 의미한다. 어릴 때부터 성격이 너무 어질어서 울지도 않고 보채지도

---

2   김윤경, 「주시경 선생 전기」, 『나라사랑』, 앞의 책, 202쪽.

않아 안순(安順)이라는 별명으로 부르기도 했다고 한다.

황해도 봉산군은 동쪽으로 서흥군, 남동쪽으로 평산군, 남서쪽으로 재령군, 북쪽으로 황주군과 접해 있으며, 북서쪽으로는 재령강을 건너 안악군과 마주하고 있다. 임진왜란 때 의병장 김만수가 봉산의 의병을 지휘하여 왜군의 임진강 도하를 저지하기 위해 참전하고, 조선 후기의 인물로는 실학자로서 『대동여지도』와 『대동지지』를 펴낸 김정호가 꼽힌다. 일제강점기 독립운동가로서 상하이 〈독립신문〉의 창간에 참여하고, 대한의용단을 조직해 활약한 김석황과 임시정부 의정원 의원을 지냈으며 통의부와 정의부 등에서 항일전을 지휘한 강명규 등이 이 지역 인물이다.

주시경이 태어나고 자란 쌍산면은 군의 최남단에 위치하고, 멸악산맥의 주맥이 미쳐 남쪽에 국사봉, 북쪽에 장재산, 서쪽에 삼봉산이 솟아 있고, 구릉 사이로 은파천이 흐르는 풍광이 아름다운 곳이다. 경작지가 적고 밭농사가 중심이다.

주시경이 태어난 1876년은 우리 민족에게는 재앙의 연대가 되었다. 강화도 조약이 체결된 것이다. 2월 2일 조약이 체결되고 조일수호조규, 병자수호조약으로도 불리면서, 조선이 외국과 맺은 최초의 근대적 조약인 동시에 불평등 조약이다. 일본은 1875년 강화도에서 의도적으로 운요호 사건을 도발하고, 조선의 수비병이 운요호에 포격을 했다는 트집을 잡으며 조약을 강요했다. 구르다 기요타카를 전권대신으로 삼아 8척의 군함과 600여 명의 병력을 보내 조선에 무력으로 협상을 강요하고, 조선 정부는 부산 외에 두 항구를 더 개항하고 우리나라 연해의 자유로운 측량을 허가해 주었다. 이로써 일본의 거점이 마련된 것이다.

한 사람의 생애는 그 시대상황을 넘어서기 어렵다. 아무리 초동필부(樵童汲婦)라도 그가 사는 시대에서 벗어날 수 없는 것이다. 주시경은 한말 국운이 기울고 내우외환이 겹치는 격동기에 황해도 산골마을에서 태어났다. '강제 개항'의 불행한 시기에 산골마을에서 고고성을 울린 것이다.

국난기에 인재가 많이 나타나듯이, 같은 해에 황해도 해주에서 백범 김구가 출생하였다. 김구와 주시경은 걷는 길이 달랐으나 목표는 다르지 않았다.

김구는 동학에 들어가 소년접주가 되고 신민회 참가, 105인 사건, 투옥, 해외망명, 임시정부 주석 등을 지내며 항일 독립운동에 신명을 바쳤다. 주시경은 서재필이 발행한 〈독립신문〉에 참여한 이후 국내에서 한글과 국문의 연구와 후진 양성에 짧은 생애를 바쳤다. 독립협회 등에서 두 사람이 서로 만났을 지도 모른다.

주시경은 네 살 때부터 1년여 동안 마을 서당에 들어가 한학을 배웠다.

평소 주 소년이 놀며 혼자서 부르는 노래가 "어서 커라, 어서 커라, 할 일이 있으니 어서 커라" 하고 중얼거리므로 마을사람들이 이것을 듣고 "도대체 네 할 일이 무엇이냐?" 하고 물었더니, "내 할 일이 많소이다" 하고 시침을 뚝 따고 대답하였다 한다.

어느 날, 집의 뜰에서 이웃 동무들과 어울려 수수깡집을 짓고 놀다가 싸움이 벌어져, 달려온 동리 어른들이 싸움을 말리고 야단을 치다가, 수수깡으로 절묘하게 지어놓은 집을 보고, 이 집을 지은 아이가 누구냐고 물었다. 아이들은 모두 꾸지람을 들을까 두려워서 대답을 못하고 머뭇거릴 때, 주(周) 소년이 앞으로 나서서 자기가 지은 것을 밝히고 잘못을 빌었다.

어른들은 이 하찮은 일에서, 주(周) 소년의 뛰어나고 교묘한 손장난과 두려움 없는 정직성을 깨닫고 나라의 큰 그릇이 될 것임을 예언하고 칭찬을 아끼지 않았다. 어린 나이임에도 힘 자라는 대로 집안 일을 돕고 살림을 정돈하고, 흉년이 들어 양식이 떨어지면 산나물, 풀뿌리를 캐는 일까지 했는데, 어떤 때는 배가 주리여 멀리 가지도 못하고 길가에 주저앉아 작은 풀마저 뜯어 그 허기짐을 채우기도 하다.[3]

---

3 「한힌샘 주시경 선생 해적이」, 앞의 책, 『나라사랑』, 16쪽.

큰아버지 양자로 입적,
서울로

◇

주시경이 자라던 한말은 국가적으로 대단히 어려운 시기였다. 태어나던 해에는 흉작으로 정부에서 비축해 두었던 쌀을 풀고 전국에 방곡령을 내렸다. 적지 않은 양곡이 공공연히 일본으로 유출되고 있었다. 국내에서 식량이 부족하자 곳곳에서 명화적(明火賊)이라는 도적떼가 나타났다. 횃불을 들고 민가를 습격하기 때문에 화적(火賊)이라고도 불리는 이 불한당 무리는 30~40명씩 떼를 지어 횡행했다.

세 살 때인 1879년에는 일본에서 전파된 콜레라가 전국으로 유행하여 사망자가 속출하고, 지석영(池錫永)이 처음으로 종두법을 실시하였다. 조정에서는 1881년 4월 신사유람단을 일본에 파견하여 메이지 유신 이후 급속한 변화를 하고 있는 일본을 시찰케 하였다. 이때의 신사유람단은 뒷날 대부분 친일파가 되었다.

주시경이 아직 어렸을 때이지만, 국가의 운명에 크게 영향을 미친 두 가지 사건이 일어났다. 1882년 6월의 임오병란과 7월의 제물포 조약이다. 임오병란은 도시 하층민 출신의 고용군인으로 구성된 병사들의 급료는 한 달에 쌀 4말 정도로 한 가족이 생계를 유지하기도 힘든 분량이었다. 군인들은 재정 악화로 13개월이나 급료를 받지 못했다. 또 개항 이후 물가가 크게 올라 하층민의 생계가 더욱 악화되었다.

　군제개혁으로 많은 군인이 일자리를 잃었으며, 일본인 교관이 지휘하는 신식 군대인 별기군만 우대하여 군인들의 불만이 쌓였다. 불만을 달래기 위해 정부는 밀린 급료 중 한 달치를 지급했는데, 그 양이 모자랐을 뿐 아니라 쌀겨와 모래가 절반이나 섞여 있었다. 마침내 군인들이 봉기하였다. 군인들은 민씨 일파와 개화파 관료들을 공격하고, 별기군의 일본인 교관 호리모트 레이조 등을 처단했다.

　군인들은 창덕궁으로 몰려가 이최응·민겸호 등 대신들을 죽이고 명성황후를 찾았으나, 궁녀로 변장하고 도망쳤다. 사태를 수습하던 대원군은 별기군의 폐지와 군인들의 급료지급을 약속했다.

　한편 민씨 일파는 청국에 군대파견을 요청했고, 4천여 명의 청군이 들어와 대원군을 반란 배후로 몰아 청국으로 납치하고, 대원군 세력을 제거하였다. 청군을 빌려 봉기를 진압한 민씨 정권은 이후 더욱 자주성을 잃게 되었다. 임오병란 때 본국으로 도망쳤던 일본공사 하나부사 요소모토는 1,500명의 군사를 이끌고 서울에 들어와 배상금과 군대주둔권을 요구하고, 결국 강압적인 제물포 조약이 체결되었다.

조선 정부는 손해배상금으로 50만 원을 지급하고, 부산·원산·인천을 비롯한 개항장의 일본인 상업활동 범위를 사방 50리로 확대한 데 이어 일본 외교관의 조선 내륙 여행을 허락했다. 이후 일본 공사관 보호를 이유로 일본군이 서울에 상주하게 되었으며, 일본인의 국내 여행과 일본의 경제침투가 가속화되었다.

주시경의 어린 시절을 알기 위해서는 당시 조선이 처해 있던 시대상을 이해해야 할 것이다. 주시경이 일곱 살이던 1883년이다.

고종 20년 3월 15일, 한문 서당에서 글공부를 마치고 동무들과 함께 밖에서 놀다가 남쪽에 솟은 덜렁봉(峰)이란 산에 하늘이 맞닿아 내려져 있음을 보고 하늘은 어떠한 것일까 하고 만져 보려 마을 아이들과 함께 산봉우리를 오르다. 산 중턱에서 다른 아이들은 꽃을 따기에 정신이 팔려 하늘 만져 볼 생각을 잊어버렸으나, 다만 주 소년은 산의 험하고 가파로움을 무릅쓰고 산꼭대기에 올라 하늘이 더없이 넓고 높은 것임을 보고 우주의 광활함을 비로소 깨닫다.

의심나는 사물에 대한 연구의 열성과 과학스런 지식에의 욕

망, 그리고 중도에서 그치지 않는 꾸준함이 주 소년의 어린 시절에 이미 확고하게 틀잡혀 있음이 나타난다.[4]

주시경의 약전(約傳)인 『주시경 선생 전기』는 한글학자인 김윤경이 1959년에 집필한 것으로 최초의 전기에 속한다. 이에 따르면 주시경이 13살(고종 23, 서기 1883) 되던 봄에 서울에서 처가(안동권씨 댁)살이 하던 큰아버지 되는 학만(鶴萬) 씨가 시골 댁에 와서 형제분이 의논한 결과 선생(주시경-필자)을 양자로 정하여 서울로 데리고 올라오게 되었다"[5]고 한다.

그의 삶이 바뀌는 계기가 되었다. 서울에서 해륙물산 위탁 판매업을 하던 큰아버지의 양자가 되어 13살짜리 시골 소년이 생소한 서울에서 살게 되었다. 큰아버지는 두 아들과 딸 하나를 두었으나 유행하던 괴질로 다 잃고 주시경을 양자로 삼은 것이다.

선생의 큰아버지, 곧 양부는 처가에서 한 해 반이나 아무 하는 일 없이 먹고만 지내다가 남문시장에서 해륙물산 객주(海陸物産客主) 업을 시작하여 셈평이 펴게 되던 중에 자녀를 다 잃고 실망하여 술로 세월을 보내다가 선생을 양자로 데려 온 것이므로, 그리

---

4 『나라사랑』, 16~17쪽.
5 『나라사랑』, 16~17쪽.

화평한 가정은 되지 못하였다. 선생이 다니는 글방(書堂)도 장사하는 사람들과 중인(중인=平民) 자제들 뿐이었으므로, 선생은 더 훌륭한 선생에게 배우기를 원하였다. 그런데 선생이 다니던 글방에 가는 도중에는 이회종(李會鐘)이란 진사(進士)가 자질(子姪) 몇 명을 데리고 가르치는 글방이 있었다.[6]

6 앞의 책, 203쪽.

배재학당에서
근대학문을 접하고

◇

동학농민혁명은 좌절되었지만, 조선의 백성과 고종의 정부 그리고 청일전쟁 등 국내외에 미친 영향은 적지 않았다. 1894년의 갑오경장도 그 여파의 하나였다. 정부는 동학농민혁명군이 제시한 '폐정개혁안 12개조'를 상당부분 수용하면서 국정개혁에 나섰다.

　그 가운데 하나가 고종 31년(1894년) 11월 21일 칙령 제14호, "법률 칙령은 다 국문으로 본을 삼고 한문 번역을 붙이며, 또는 국한문을 혼용함"이다.

　"고종 31년의 칙령은 당시의 시대적 개화분위기와 무관한 것이 아니겠거니와, 여기 표현된 대로 '국문' 곧 '나랏글'이라는 이름은 언문·암클·반점 따위와는 비길 수 없이 높은 이름이 한글에 붙여진 사실을 말해주며, 법률과 명령이라는 공문서들에 감히 깨이지 못했던 한글이 섞이는 정도가 아니라 본이 되어 쓰이도록 일시에 공식적으로 격상되었음을 뜻한다."[7]

훈민정음이 창제된 지 450년 만에 한글은 비로소 처음으로 나라의 공식문자로 대접을 받게 되었다. 하나 임금이 어느 날 갑자기 칙령을 발표했다고 해서 수백 년 동안 한문자로 길들여진 관리들의 머리가 쉽게 바뀔 리 없었다. 또한 한글에 대한 연구가 체계적으로 갖춰져 있었던 것도 아니었다.

주시경은 이 진사의 서당에서 한문만을 배우는 것은 시대가 요구하는 학문이 아니요, 시간만 낭비할 뿐이라는 점을 깨달았다. 그리고 이번에도 다시 한 번 변신을 시도한다.

1894년 3월 이 진사의 서당을 나와 고향으로 가서 아버지로부터 한문을 학습하다가 신학문을 배워야 한다는 결심으로 5월에 다시 서울로 돌아왔다.

19세 되던 고종 31년(1894) 9월에 주시경은 머리를 깎고 배재학당에 들어갔다. 한문이 아니면 글이 아니라고 생각하던 그때, "몸과 머리털이나 살은 부모가 나에게 주신 것이므로 이것을 다

---

7 김정수, 『한글의 역사와 미래』, 35쪽, 열화당, 1990.

치어서는 안 된다" 하는 생각을 가졌던 때에 이것은 큰 깨달음이요 용기가 아닐 수 없다.[8]

주시경은 19살 때 스스로 머리를 깎았다. 1895년 김홍집 내각이 을미사변 이후 내정개혁에 주력하여 개국 504년 11월 17일을 건양(建陽) 원년 1월 1일로 하여 양력을 채용하는 동시에 전국에 단발령을 내렸다. 고종은 솔선수범하여 머리를 깎았으며, 내부대신 유길준은 고시를 내려 관리들로 하여금 칼을 가지고 거리와 4대문 성문에서 강제로 백성들의 머리를 깎도록 하였다.

명성황후 살해사건으로 일본에 대한 감정이 극도로 좋지 않던 시기에 친일내각이라는 소리를 듣던 정부가 전통과 백성들의 윤리감정을 정면으로 거스르는 듯한 단발령에 유생들은 각지에서 의병을 일으켜 정부시책에 저항하고 나섰다. 이때 시국에 분개하여 순국한 사람보다 단발령에 반대하여 죽은 사람이 훨씬 많았다.

주시경은 단발령 공포 1년 전에 스스로 머리를 자르고 개화의 길에 나섰다. 누구의 지도가 아니라 스스로 택한 길이다. 그리고 개화의 상징처럼 떠오른 배재학당에 들어갔다. 배재학당은 1885년 8월 미국 감리교 선교사 아펜젤러가 서울에 세운 한국 최초의 현대식 중고등 교육기관이다. 기독교인과 국가 인재양성을 위해

---

8 김윤경, 「한글 중흥의 스승 주시경」, 『인물한국사(V)』, 330쪽, 박우사, 1965.

일반학과를 가르치는 외에, 연설회·토론회 등을 열어 사상과 체육훈련에 힘을 쏟았다.

주시경은 1894년 9월에 서울 정동에 있는 배재학당에 들어가 박세양·정인덕 강사에게 서양식 교육을 통한 새로운 시대가 요구하는 수학·영어·시사·내외지리(內外地理)·역사 등의 신학문을 배웠다. 그리고 1895년 8월 탁지부에서 인천 관립이운학교의 관비생으로 선발되어 속성과를 마치고 실지견습에 나갈 즈음에 내각이 바뀌면서 학교가 폐교됨으로써 1896년 3월 배재학당에 재입학하였다. 학비가 없어서 배재학당 부설 인쇄소에서 잡역을 하여 학비를 벌면서 공부하였다.

23살이 되던 1898년 9월에 만국지지과(萬國地誌科)를 졸업하고 배제보통과에 진학하였다. 이때에 중추원 고문관 겸 〈독립신문〉 사장 서재필에게 만국지지를 배우면서 그와 인연을 맺었다.

사람은 언제 어디서 누구와 만나느냐에 따라 운명이 갈리는 경우가 많다. 주시경은 배재학당 보통과에서 당대의 개화파 거물 서재필과 만나고, 독립협회와 〈독립신문〉에 참여하면서 한글연구라는 운명의 길을 걷게 되었다.

학구열이 남달랐던 주시경은 배재학당 인쇄소에서 잡역을 하면서 여가를 이용하여 남대문로 상동의 작은 초가에서 한글연구에 열중하였다.

스승에게 영어를 배울 때는 그 낱글자의 성질과 말본 설명이 우리말에도 적용될 수 있음을 깨닫고, 한글연구에 심혈을 기울이며 집중하느라 길을 걷다가 전봇대와 마주치기가 여러 번이었다. 이 당시 선생의 일기를 다음과 같이 기록하고 있다.

"7월 7일(주:1893년)부터 옥계(玉溪, 박세양의 호), 회천(晦泉, 정인덕의 호)을 수(隨)하여 수업한 이후로, 각 문명 부강국이 다 자국(自國)의 문(文)을 용(用)하여 막대의 편의를 취한다 함을 듣고, 아국(我國) 언문(言文)을 연구하며 국어 문법 짓기를 시(始)하다."[9]

---

9 『나라사랑』, 18쪽.

사회·민족운동에 나서다

협성회에서
큰 역할

◇

주시경이 서울에서 근대교육을 받고 사회의식에 눈이 틔는 19세기 말 조선사회는 민족모순과 계급모순이 극한으로 치닫던 시기였다. 전통적인 유림세력과 세도정치세력에 의해 권력과 부가 독점되고 척사계열의 수구파가 득세했으나, 근대화를 위해 서구문물과 제도를 도입해야 한다는 개화파가 등장하면서 점차 위기에 내몰렸다.

수구파는 낡은 봉건체제의 고수와 외세의존을 통해서라도 기득권을 독점적으로 유지하겠다는 지극히 반동적 정치·사회세력이 되고, 개화파는 서구의 선진제도와 문물을 수용하여 낡은 봉건의 틀을 벗자는 선진 변혁세력이었다. 여기에 동학의 등장과 함께 시대의식이 깨우친 농민중심의 민중세력이 등장하였다.

보수세력은 구본신참(舊本新參)을 내세워 부분적인 제도적 개

혁을 시도하면서도 여전히 자신들의 기득권에 매몰되어 임오병
란과 동학농민혁명 때에 두 차례나 외국군을 불러들이고, 개화
파는 동도서기(東道西器)와 동양적 문명발전론인 '개물성무(開物
成務) 화민성속(化民成俗)'을 내세우면서 갑신정변을 통해 권력을
장악했으나 '3일 천하'에 그치게 되었다. 아직 정치·사회세력이
취약한 데다 외국세력에 의존함으로써 광범위한 백성의 지지를
얻지 못하고, 농민세력은 동학을 구심체로 하여 거대한 민중세
력을 형성했지만 지도부의 분열과 일본군의 막강한 화력 앞에
30만 명의 희생자를 낸 채 막을 내렸다. 그 즈음 국내 정세를 살
펴본다.

　1884년 12월 김옥균·박영효·홍영식·서재필 등 개화파가 갑
신정변을 통해 혁신정부를 세우고자 '14개조 개혁요강'을 마련
했으나 3일만에 원세개의 청국군에 쫓겨 실패하고, 1895년 8월
명성황후가 일본인들에게 죽임을 당하는 '을미사변', 이에 항거
하여 각지에서 '을미의병' 봉기, 1896년 2월 고종이 러시아의 공
관으로 이거하는 '아관파천'이 일어났다. 고종이 사실상 러시아
세력에 연금된 사건이다.

　주시경은 1896년 10월 스물한 살에 김포군 통진의 경주 김씨
부인과 결혼하였다. 슬하에 3남 2녀를 두었다.
　주시경은 학구열이 넘치는 청년이면서 대단히 부지런한 일꾼

이었다. 민족운동에 참여하고서도 여러 가지 일을 병행하여 쉬는 날이 없었다.

배재학당을 졸업하던 1898년(25살) 그는 상동교회(예전의 새로나 백화점 자리)의 청년학원 국어강습소에 국어문법과를 만들어 자신의 연구결과를 직접 가르치기 시작했고, 이때의 강의록을 31살 때 『대한국어문법』이란 제목으로 출판하였다.

상동교회의 강의 말고도 그는 학창시절과 그 이후의 삶을 국어연구만이 아니라 서울시내 각 학교의 강습소, 외국인 한어연구소의 국어교사로, 또 독립협회와 협성회의 간부로 바쁜 생활을 보냈다.[1]

주시경이 배재학당 재학 중 수행한 큰 역할의 하나는 '협성회'와 〈협성회보〉 발간에 찬술원(편집위원)으로 참여한 일이다. 서재필의 지도로 이승만·전덕기 등과 함께 조직한 '협성회'는 처음에는 학생단체였으나 곧 일반인들도 참여하였다. 1896년 10월에 조직된 협성회는 이듬해 회원 600명 중 재학생이 200명이고, 일반인이 400명에 달할 만큼 일반인의 참여가 많았다.

협성회는 뒷날 독립협회와 만민공동회의 '원형'이 되었다. 회의용어 중에 '동의', '재청', '개의' 등이 이때 처음으로 쓰이고, 박수 치는 법도 이때에 생긴 것이다.[2]

---

1 고종석, 「주시경」, 『발굴 한국현대사인물(1)』, 13~14쪽, 한겨레출판사, 1991.

〈협성회보〉는 주간지로서 신문형으로 발행하여 인기가 늘었다. 협성회가 1897년 한 해 동안 토론회에 내걸었던 주제는 다음과 같다. 주시경은 토론내용을 정리하여 〈협성회보〉에 실었다.

(1) 국문을 섞어 씀에 대하여
(2) 학생이 양복을 입음에 대하여
(3) 아내와 자매와 딸들을 각종 학문으로 교육함에 대하여
(4) 학생들이 매일 운동함에 대하여
(5) 여인들을 내외시킴에 대하여
(6) 국내 도로를 수선함에 대하여
(7) 우리나라 종교를 예수교로 함에 대하여
(8) 노비(奴婢)를 속량함에 대하여
(9) 우리나라 철도 놓는 데 대하여
(10) 우리 회원들이 인민을 위하여 가두연설함에 대하여
(11) 회원들은 20세 전에 혼인하지 않음에 대하여
(12) 우리나라에서 쓰는 말(斗)과 자(尺)를 똑같이 함에 대하여
(13) 국민이 20세 된 자는 일제히 병정으로 택함에 대하여
(14) 서울과 인천 사이에 철도 놓는 데 있어서 놓는 규칙을 배우게 함에 대하여

---

2 『나라사랑』, 216쪽.

(15) 각처에 공원을 설치하여 몸을 깨끗하게 함에 대하여

(16) 목욕간을 설치하여 몸을 깨끗하게 함에 대하여

(17) 사농공상(士農工商) 학교를 세워 인민을 교육함에 대하여

(18) 각 곡식 종자는 외국품을 구하여 심게 함에 대하여

(19) 병인들을 외국약으로 치료함에 대하여

(20) 산소(무덤)를 풍수지술로 구하지 말고 집집마다 마땅한 곳을 택하여 씀에 대하여

(21) 무슨 물건이든지 에누리 말고 매매함에 대하여

(22) 각종 문자를 왼쪽에서 씀에 대하여

(23) 내시(內市)를 출입하는 외국인에게 지세(地稅)를 많이 받음에 대하여

(24) 우리나라에도 상하 양원을 설립함이 정치상 급선무임에 대하여

(25) 군대의 구령(口令)를 우리말로 씀에 대하여

(26) 의관(醫官) 제도를 복구함에 대하여

(27) 각부에 있는 고문관들을 한(限)이 지나거든 외국 사람을 쓰지 않을 것에 대하여

(28) 유의유식(遊衣遊食)하는 인민에게 제조소를 설치하여 줌에 대하여

(29) 우리회 중에서 회보를 발간할 것에 대하여

(30) 정부에서 인재를 택하는 과거(科擧)에 대하여

(31) 개항을 많이 함이 나라에 유익함에 대하여

(32) 신문국을 각처에 설치하여 인민의 이목을 넓힘에 대하여[3]

---

3 앞의 책, 217~218쪽.

제3장 사회 · 민족운동에 나서다

한글에 관심 갖게 한
배경과 선학先學들

◇

주시경이 언제부터 한글에 그토록 깊은 관심과 애정을 가졌을까.
그의 성장기는 앞서 소개한 대로 수구와 개화세력이 대립하고
충돌할 때이다. 수구 측은 여전히 중국과 한자를 숭상하고, 개화
측의 일부는 영어와 일어에 관심을 보였다. 고종이 칙령으로 모
든 법률을 한글로 쓰도록 했으나, 일반 민중이 이를 접할 수 있는
기회는 많지 않았다.

　청년 주시경은 얼마든지 다른 길을 택할 수 있는 다양한 기량
과 재능을 갖고 있었다. 관립 인천 이운학교(利運學校)에 다닐 때
항해술을, 수진동 흥화학교에서 측량기술을 배웠으며, 배재학당
에서는 영국 사람으로부터 영어와 의학을 배웠다.

　"당시 일반인은 새 교육에 대한 이해가 없었고, 새 학문을 교

육하는 학교를 좀 이해한다 하는 사람이라도 과거 준비의 새 방식이라 생각하고 졸업은 곧 과거에 급제하는 것이라 생각하였다. 그리하여 학교에 다니다가도 벼슬자리만 얻으면 학교는 그만 퇴학하고 마는 것이었다."[4]

이런 시기에 주시경은 왜 출세의 길과 시대조류와는 다른 길을 걸었을까, 그리고 그 동기는 무엇이었을까.

열일곱 살(고종 29년, 서기 1892년) 되던 때였다. 서당에서 이 진사에게 한문을 배울 때, 이 진사가 한문의 뜻을 해석하려면 반드시 우리말로 번역함을 보고, 선생은 속으로 "글은 말을 적으면 그만이다" 하는 생각이 번개처럼 떠오르게 되었다. 이것이 한글연구에 일생을 바치게 한 동기였다. 말을 적는 방법 곧 부호(符號)가 한문같이 거북하고 어려워서야 어느 겨를에 학문을 얻어 가질 수 있겠느냐?

만일 한글로 우리말을 적는다면(한문으로 적지 말고) 사반공배(事半功培)가 될 것이다. 그러나 말과 글을 더 닦고 갈지 않으면 안될 상태다. 이리하여 우리의 말과 글을 연구하기로 결심한 것이다. 선생이 새 교육에 뜻을 두고 배재학당에 들어감도 이 때문이

---

4   김윤경, 『인물한국사(V)』, 333쪽.

제3장 사회 · 민족운동에 나서다

었다.[5]

주시경이 한글운동에 관심을 갖고 직접 나서기로 한 데는 선학들의 노력이 있었기에 가능한 일이었다. 개화파 계열의 개혁가 박영효·유길준·윤치호·서재필이 그들이다. 갑신정변에 참여했다가 일본으로 망명한 박영효는 망명지에서 고종에게 보낸 개혁에 대한 상소문에서, 8개 조항의 개혁안과 14개 조항의 교육에 관한 의견을 제시하였다. 여기서 그는 종래 가르치던 청나라 역사·문장 대신에 우리나라의 국어·국문을 가르칠 것을 제안하였다.

윤치호는 1883년 일본에서 귀국하여 주한미국공사 L·H 푸트의 통역관으로 있을 때 겪었던 한글의 필요성을 이렇게 적었다.

공사관 통역으로 있었지만 나이 어린 내가 무슨 정치야 알겠소만, … 그때 나는 조선국문, 즉 언문을 보급시킬 생각만은 간절하여 나라의 형편을 공사에게 자세히 보고하고 또한 언문을 보급하여야 조선 사람이 속히 깨이겠다는 뜻을 누차 진언하였다. 미국 공사도 내 말을 옳게 생각하였소. 실상 그때 내가 언문의 필요성을 절실히 깨달았다는 것은, 영문을 번역하는 데는 난잡한 한문을 쓰는 것보다는 언문을 사용하는 것이 매우 편리하였으니

---

5 김윤경, 「주시경 선생 전기」, 『나라사랑』, 207쪽.

까요.[6]

한국인 최초의 미국 유학생이기도 한 유길준은 유학 중 유럽 여러 나라를 둘러보며 보고 느낀 것을 기록한 『서유견문』을 1895년 서울에서 간행하였다. 책의 서문에서 언문일치를 주장하면서, 한글을 전용하지 못함이 애석하다는 뜻을 담았다. 유길준은 비록 '한글전용'을 실천하지는 못했지만 '언문일치'를 주창함으로써 이후 신문과 잡지가 비로소 국한문 혼용체를 많이 쓰게 되었다.

1890년대 이전에 이미 한글의식이 확고해진 유길준과 박영효는 갑오경장에서 개혁의 주도자로 등장하여, 공문서에 한글과 한자를 섞어 쓰기에 관한 규정과 한글쓰기에 관한 조치 등을 공포하였다. 실제로 두 사람에 의해서 거의 모든 「관보」는 국한문으로 쓰여졌고, '독립서고문'이 순한글로도 쓰여지는 등 한글에 대한 커다란 개혁이 일차적으로 이루어졌다.

유길준과 박영효의 한글의식을 계승하여 갑오경장 직후에 창간된 〈독립신문〉은 '한글전용'이라는 역사적인 개혁을 일으키고 국문보급에 빛나는 장을 마련했다. 이러한 결실을 맺게 한 실질적인 실천가는 서재필이었지만, 서재필의 주도적인 역할 뒤에는

---

6   김을한, 『좌옹 윤치호 전』, 321~322쪽, 을유문고, 1978.

유길준·박영효·윤치호 등의 공헌이 있었다.[7]

이들 선각자들이 500년 묵은 한자의 '문전옥답'에 한글의 씨
앗을 뿌렸다면, 서재필이 〈독립신문〉을 창간하고, 주시경이 참여
하면서 '순한글 신문'이라는 묘목이 자라도록 키우고 잡초를 제
거하는 텃밭을 일구는 역할을 하였다.

---

7 김인선, 「갑오경장(1894~1896) 전후 개화파의 한글사용」, 『주시경 학보』 제8집, 29
쪽, 주시경 연구소, 1991, 탑 출판사.

4장

〈독립신문〉 참여

〈독립신문〉 창간에 참여하다

◇

서재필은 조선 정부로부터 10년간 중추원 고문으로 일해 달라는 조건을 수락하고, 1895년 12월에 귀국하였다. 귀국한 서재필은 신문 발행이 가장 시급한 과제라고 생각하였다. 부패·무능하고 반동적인 수구세력을 견제하고, 백성을 계몽하여 내외의 정세를 알리고, 굶주린 승냥이처럼 몰려와 국가의 각종 이권을 침탈하는 외세를 견제·비판하기 위해서는 신문만한 역할이 다시 없다고 믿었다. 미국에서 잘 지켜보았던 터이다.

　다행히 새 내각의 수장이 된 박정양은 신사유람단의 일원으로 일본의 선진문물을 시찰하고, 미국특파 전권대사로 미국사회를 돌아보았기 때문에 근대적 신문의 중요성을 충분히 인식하고 있었다.

　서재필은 미국 감리교 선교사들이 발행하는 영어잡지《코리안

리포지토리》1896년 3월호에 '한국이 가장 필요로 하는 일'이라는 시론을 기고하였다. 신문 발간의 동기와 목적을 밝히는 최초의 글이다.

정부는 국민의 실정을 알아야 하고 국민은 정부의 목적을 알아야 한다. 정부와 국민 상호간의 이해가 있도록 하기 위해서 쌍방에 대한 교육이 있을 뿐이다. … 교육 없이는 국민들이 정부의 좋은 의도를 이해하지 못할 것이고, 교육 없이는 정부관리들이 결코 좋은 법률을 만들지 못할 것이다.[1]

서재필의 신문 발행에는 걸림돌이 많았다. 먼저 일본인이 발행하는 〈한성신보〉에 서재필이 새 신문 창간을 준비 중이라는 기사가 실렸다.

서재필 씨는 근자에 서양으로부터 귀국하였기 때문에 감개무량함을 참지 못하는 점이 많아, 여러 가지 계획을 세워야겠다고 하는 중에 위선 제일착으로 영한문의 신문을 창간할 생각이라고. 목적은 사회개량의 지도에 두고 또한 조선의 현상을 서양 각국에 알려야 되겠다고 한다.[2]

---

1   김승태, 『서재필』, 75~76쪽, 독립기념관, 2011.

〈독립신문〉 참여

서재필의 신문 창간에 가장 민감하게 대응한 것은 일본 공사관이었다. 일본은 서울에서 〈한성신보〉를 발행하면서 한국 내의 반일감정을 무마시키고 친일세력을 비호하면서 여론을 독점하다시피하고 있었다. 서재필에 의해 신문이 창간되면 반일적인 논지가 될 것으로 내다보면서 창간작업을 방해하였다.

갑신정변 때의 동지로서 미국 망명 후 귀국하여 총리대신 비서관을 거쳐 1895년 학부협판이었던 윤치호의 일기에 일본의 방해공작 사실이 소상하게 담겨 있다.

서재필이 만나자고 하여 오후 4시에 그를 방문하였다. 그는 "일본인들이 가만두지 않으려 한다. 그들은 조선은 2개의 신문이 유지될 정도로 발전되지 못했고 그들의 〈한성신보〉는 계속 간행되어야 하므로 경쟁지를 만들려는 어떠한 시도도 분쇄하겠다고 말하였다. 그들은 일본의 호의에 반하는 일을 하는 자는 누구든 죽이겠다는 것을 넌지시 암시하였다. 언젠가 내가 조선의 몇몇 기술자들을 상대로 석유를 미국으로부터 직수입하면 가격이 싸서 소비자들에게 도움이 된다고 이야기를 한 적이 있어 그들은 나를 대단히 싫어한다. 여기에는 나 혼자이다. 미국 정부는 나를 도와주지 않을 것이다. 조선 정부나 국민은 일본인의 암살로부터

---

2 〈한성신보〉, 1896년 1월 20일치, 잡보란.

나를 보호할 능력도 의사도 없다. 나는 혼자이고 보호도 받지 못한다. 나는 아무것도 할 수 없다"라고 말하였다.[3]

일본의 치열한 방해공작에도 서재필이 신문을 발행할 수 있었던 것은 아관파천으로 러시아 세력이 득세하고 일본 세력이 추락하는 정세의 변화가 있었기 때문이다.

서재필은 일본 측의 방해를 극복하면서 신문창간을 서둘렀다. 정부는 정동에 있는 정부 소유의 건물을 신문사 사옥으로 쓰도록 하고, 신문창간 비용으로 3,000원, 서재필 주거 구매비로 1,400원을 지원하였다. 서재필은 귀국 직후 중추원 고문으로 임명되어 10년간 월 300원의 급여를 받기로 정부와 계약을 하였다. 미국에서 월 100달러(원화와 동일) 수준에서 크게 많아진 급여이다.

창간 당시 신문의 제호는 〈독닙신문〉으로 썼다가, 5월 2일자 제12호부터는 〈독립신문〉으로 바꾸고, '독립'과 '신문' 사이에 태극기가 들어가는 모습의 제호가 되었다. 종간호까지 이런 제호를 사용하였다. 서재필은 오사카에서 인쇄기와 신문 제작에 필요한 활자 등을 들여왔다.

〈독립신문〉은 가로 22cm, 세로 33cm 크기의 4면으로 발행하

---

3 『윤치호 일기』, 1896년 1월 31일치.

고, 3면까지는 순한글 국문판, 4면은 영문판으로, 화·목·토 주 3 회 발행의 격일간이었다. 1898년 7월 1일 제76호부터는 일간으로 바뀌었다. 영문판 기사와 논설은 서재필이 직접 작성하고, 주시경이 논설과 국문판 편집·제작을 맡았다.

서재필은 〈독립신문〉의 사장 겸 주필을 맡아 창간사를 썼다. 신문은 당초 예정보다 한 달 쯤 늦은 1896년 4월 7일 창간호를 발행함으로써 우리나라 최초의 근대 민간신문이 발행되기에 이르렀다.

〈독립신문〉의 주체가 누구인가를 둘러싸고 그동안 학계에서는 논란이 일었다. 서재필 중심이라는 통설에 대한 이론이 제기되었다. 순한글로 창간한 것도 '서재필 주체'의 반론에 소제가 되었다. 〈독립신문〉을 연구한 채백 교수는 여러 가지 정황을 소개하면서 "〈독립신문〉의 창간계획은 서재필보다는 당시 김홍집 내각의 내무대신으로 있던 유길준 등에 의해 주도되었다는 사실을 알 수 있다"[4]라고 주장하였다.

한국언론사 연구가인 정진석 교수는 "〈독립신문〉의 창간은 서재필 한 사람의 개인적인 업적이 아니라, 국내 개화파와 서재필의 합작이며, 특히 국내 개화파 중에서 갑오경장을 추진했던 온건 개화파가 서재필의 명석한 두뇌와 지식을 빌어쓰기 위해서

---

4   채백, 『독립신문 연구』, 69쪽, 한나래, 2006.

창간하게 된 신문이었다고 말할 수 있다"[5]고 하였다.

〈독립신문〉의 큰 기여 중에는 한글전용이 포함되었다. 과연 누구의 발안으로 순한글 신문을 만들게 되었는가. 채백 교수의 주장이다.

"그의 성장과 교육과정을 볼 때 그가 한글에 대해 체계적인 교육을 받을 기회는 거의 없었다고 보는 것이 타당할 것이다. 특히 윤치호는 1893년 미국을 방문했을 때 서재필을 방문하였는데, 당시의 일기에서 그는 '서재필은 모국의 말이나 글을 까마득히 잊어버리고 있다'고 기록하고 있다. 이런 점으로 미루어 볼 때 서재필은 한글을 잘 몰랐다고 보는 것이 타당할 것이며 그렇다면 〈독립신문〉에 순한글을 사용하기로 한 것도 그의 결정이었다고 보기는 어려울 것이다. 따라서 순한글로 창간된 〈독립신문〉이 서재필에 의해 창간되었다고 보는 것은 무리가 가는 해석이다."[6]

주시경은 배재학당의 강사이기도 했던 서재필의 권유에 따라 회계 겸 교보원(校補員)으로 신문사에 입사하였다. 한글연구와 운동의 본격적인 출발점이 된 것이다. 교보원은 오늘의 교정원(校正

---

5 정진석, 『한국 언론사』, 160쪽, 나남, 1992.
6 채백, 앞의 책, 70쪽.

員)을 뜻한다. 북한 자료에는 "〈독립신문〉이 창간되자 기자로 입사하여 편집과 교정을 담당하였다"[7]고 쓰고 있다.

7   신구현, 「주시경 선생의 생애와 활동」, 『주시경 학보』 제2집, 271쪽, 1988.

첫 민간신문,
첫 한글신문 만들어

◇

우리나라 최초의 근대적 민간신문인 〈독립신문〉이 1896년 4월 7일 창간호를 발행하였다. 비록 4쪽짜리 초라한 지면이었으나 그 의미와 반향은 적지 않았다. 여기에 실린 '창간사'는 일개 신문의 고고지성을 뛰어넘어 조선사회에 큰 울림으로 메아리쳤다.

창간 자금이 전액 정부에서 나오고, 사옥이 정부 건물이며, 사장 겸 주필이 정부의 급여를 받은 처지이기에 순수 민간신문으로 보기는 어렵지만, 정부가 논조나 편집에 개입하지 않음으로써 한국언론사에서는 첫 민간신문으로 자리매김되고, 지금까지 이날(4월 7일)을 '신문의 날'로 기념한다.

서재필은 앞에서 소개한 대로 신문을 창간하면서 제호를 〈독닙신문〉으로 썼다가, 제12호부터 〈독립신문〉으로 바꾸었다. '독닙'은 한글 발음대로 표기했다가, 보다 의미가 적확한 '독립'으로 바꾼 것이 아닌가 싶다. 제호에는 서재필의 '독립정신'이 배어 있다.

서재필이 그가 출간한 신문의 제호를 〈독립신문〉이라고 정한 것은, 갑신정변의 고배를 마시고 10여 년의 망명생활에서 돌아온 그의 절규였다고 할 수 있다. 서재필이 '독립'의 중요성을 인식한 것은 이미 오래 전의 일이었다. 대원군을 나포해 간 이홍장(李鴻章)과 원세개(袁世凱)에 대한 김옥균의 분노와 후쿠자와 유키치의 독립에 대한 논설들은 젊은 서재필로 하여금 사대주의와 사대사상에 반발하게끔 하였었거니와 위에서 본 대로 10년이 넘는 미국에서의 생활은 더욱 독립을 지향하는 사람으로 만들어 놓았다.

그런데 박영효로부터 조선의 상황에 대한 얘기를 듣고 귀국했던 서재필은 서울에 도착한 후에 각종의 경험을 거듭하면서 더욱더 독립의 필요성을 실감하게 될 수밖에 없었다.[8]

서재필과 개화파 인물들은 "당면한 조선의 사정을 국민에게 알리기 위하여서는 완고한 관리나 왕에게 진언하는 것보다 일반 서민에게 직접 호소하고 주지시키는 것이 효과적이며 민지계발과 자력자강을 위한 첩경이 되는 것이라고 생각하여"[9] 〈독립신

---

8 이정식, 『구한말의 개혁·독립투사 서재필』, 184쪽.

문〉을 창간하였다. 〈독립신문〉 창간호 1면은 논설, 관보와 외국
통신 및 잡보, 3면은 잡보와 선박 출발표, 광고 등을 싣고 4면은
'더 인디펜던트(The Independent)'라는 제목 아래 영문판으로 편
집했다. 1면에 실린 '논설'은 사실상 창간사이다. 이 신문은 창간
목적을 민주사상의 배양·관민계발·자주독립에 두었다.

서재필은 이 글에서 "조선만을 위하여 불편부당하고 차별 없
는 공정한 보도"를 다짐하였다. 창간호 논설을 싣는다.

"우리가 〈독립신문〉을 오늘 처음으로 출판하는데, 조선 속에
있는 내외국 인민에게 우리 주의를 미리 말씀하여 아시게 하노라.

우리는 첫째 편벽되지 아니한 고로 무슨 당에도 상관이 없고
상하귀천을 달리 대접 아니하고, 모두 조선사람으로만 알고, 조
선만 위하며, 공평하게 인민에게 말할 터인데, 우리가 서울 백성
만이 위할 게 아니라 조선 전국인민을 위하여 무슨 일이든지 대
언하여 주려함.

정부에서 하시는 일을 백성에게 전할 터이오, 백성의 정세를
정부에 전할 터이니, 만일 백성이 정부 일을 자세히 알고 정부에
서 백성의 일을 자세히 아시면 피차에 유익한 일만 있을 터이며,
불평한 마음과 의심하는 생각이 없어질 터임.

---

9   이해창, 『개정증보판 한국신문사 연구』, 31쪽, 성문각, 1983.

우리가 이 신문을 출판하기는 취리하려는 것이 아닌 고로 값을 헐하도록 하였고, 모두 언문으로 쓰기는 남녀 상하귀천이 모두 보게 함이요. 또 귀절을 떼어 쓴 것은 알아보기 쉽도록 함이라.

우리는 바른 대로만 신문을 할 터인 고로 정부관원이라도 잘못하는 일이 있으면 우리가 말할 터이요, 사사백성이라도 무법한 일 하는 사람은 우리가 찾아 신문에 설명할 터임."

이어서 창간호는 〈독립신문〉을 내는 이유를 다음과 같이 썼다.

"우리 신문이 한문은 아니 쓰고 다만 국문으로만 쓰는 것은 상하귀천이 다 보게 함이라. 또 국문을 이렇게 구절을 떼어 쓴즉 아무라도 이 신문을 보기가 쉽고 신문 속에 있는 말을 자세히 보게 함이다.

각국에서는 사람들이 남녀 물론하고 본국 국문을 먼저 배워 능통한 후에야 외국 글을 배우는 법인데, 조선에서는 조선 국문은 아니 배우더라도 한문만 공부하는 까닭에 국문을 잘 아는 사람이 드무니라. 조선국문하고 한문하고 비교하여 보면 조선국문이 한문보다 얼마가 나은 것이 무엇인고 하니,

첫째는 배우기가 쉬운 글이요, 둘째는 이 글이 조선글이니 조선인민들이 알아서 백사를 한문 대신 국문으로 써야 상하귀천이 모두 보고 알아보기가 쉬울 터이라.

한문만 늘 써 버릇하고 국문은 폐한 까닭에, 국문만 쓴 글은 조선인민이 도리어 잘 알아보지 못하고 한문을 잘 알아보니, 그게 어찌 한심치 아니리요. 또 국문을 알아보기가 어려운 건, 다름이 아니라, 첫째는 말마디를 떼지 아니하고 그저 줄줄 내려쓰는 까닭에 글자가 위에 붙었는지 아래에 붙었는지 몰라서 몇 번 읽어 본 후에야 글자가 어디에 붙었는지 비로소 알고 읽으니 국문으로 쓴 편지 한 장을 보자면 한문으로 쓴 것보다 더디 보고 또 그나마 국문을 자주 아니 쓰는 고로 서툴러서 잘못 봄이라.

그런 고로 정부에서 내리는 명령과 국가 문적을 한문으로만 쓴즉 한문 못하는 인민은 남의 말만 듣고 무슨 명령인 줄 알고, 이편이 친히 그 글을 못 보니 그 사람은 무단히 병신이 됨이라. 한문 못한다고 그 사람이 무식한 사람이 아니라 국문만 잘하고 다른 물정과 학문이 있으면, 그 사람은 한문만 하고 다른 물정과 학문이 없는 사람보다 유식하고 높은 사람이 되는 법이라.

조선부인네도 국문을 잘하고 각색 물정과 학문을 배워 소견이 높고 행실이 정직하면 물론 빈부귀천 간에 그 부인이 한문을 잘하고도 다른 것 모르는 귀족 남자보다 높은 사람이 되는 법이라. 우리 신문은 빈부귀천을 다름없이 이 신문을 보고 외국물정과 내지 사정을 알게 하려는 뜻이니, 남녀노소 상하귀천 간에 우리 신문을 하루 걸러 몇 달간 보면 새 지각과 새 학문이 생길 걸 미리 아노라.”

〈독립신문〉 참여

한글의 가치 일깨우고
민중계몽

◇

서재필은 〈독립신문〉 발행에 심혈을 기울였다. 돕는 직원이 주시경을 비롯하여 몇 사람 있었지만 모두 초보자들이었다. 그렇지만 주 3회에 걸쳐 꼬박꼬박 신문을 만들었다. 창간 당시에는 1부에 1전씩 하여 300부를 발행하다가 1898년 말경에는 3,000부까지 찍었다. 8개 분국(지사)을 두었다. 인천·원산·부산·파주·개성·평양·수원·강화 등 주로 병자수호조약에서 개항지로 지정된 곳이었다. 서재필의 소회다.

"그때 우리나라 사람 가운데 인쇄술을 아는 이가 없었고, 신문이란 '신'자도 모르는 터이라 경영이 여간 곤란치 않았다. 채자·조판부터 가르치지 않으면 안 되었고, 기자들에게도 재료 수집에 대한 모든 순서를 일일이 지도해 주었을 뿐 아니라 신문 파는 사람에게는 "신문! 신문! 매장에 한 푼씩이요!" 이렇게 여러 사람 앞에서 외치라고 내 자신이 입으로 외치면서 가르쳐주기까지 하였다.…

신문에는 논설·광고·물가시세·관보·외국통신·잡보 등이었는데, 물가시세와 관보는 두 사람의 기자가 재료를 구해 왔고, 그 외에 논설이며 모든 것은 내가 혼자 원고를 썼으므로 잠시라도 쉴 틈이 없었다."[10]

〈독립신문〉은 1896년 4월 7일부터 1899년 12월 4일까지 3년 8개월간에 걸쳐 발행되었다. 서재필이 신문을 주관한 시기는 창간 때부터 1898년 5월에 신문을 윤치호에게 인계하고 도미할 시기까지 2년여 동안이다.

〈독립신문〉이 구한말 한국사회에 끼친 영향을 한 연구자는 다음과 같이 정리한다.

"근대사회 형성에 필요한 지식과 사상을 소개하여 국민 대중이 자신의 권리의식을 깨우치게 하였다. 열강의 침략간섭정책을 비판하고 폭로하여 자주독립과 국가이익의 수호를 위해 공헌하였다. 국민의 이익을 대변하고 국민의 권리를 되찾아 수호하는

---

10 『서재필 자서전』, 245~246쪽.

데 큰 역할을 하였다.

국문전용, 국문 띄어쓰기, 쉬운 국어쓰기를 실행하여 민족의 언어와 문자, 문화의 발전에 기여하였다.

당시 지방에 성행하던 관리의 부정부패와 국민수탈을 비판·폭로하여 이를 바로잡는 데 기여하였다.

1896년 7월에 창립된 독립협회의 기관지 역할을 담당하면서 독립협회의 사상형성과 자주민권·자주자강운동에 큰 공헌을 하였다. 민중에게 신문의 사회적 역할과 그 중요성을 알게 하고, 여론과 공론을 형성하여 정치·사회 활동을 전개하는 방식을 성립시켰으며, 광무 초기의 신문과 출판물의 발흥에 지대한 영향을 끼쳤다.

세계의 정세를 알려주어 국제정세 변동 속의 우리 위치를 인식하게 했으며, 세계 각국의 문물을 소개하여 한국인의 시야를 넓혀 주었다. 영문판인 〈The Independent〉를 통해, 한국인의 입장에서 한국의 사정을 세계에 알리고, 한국인의 의사와 주장을 세계 각국에 알렸다."[11]

서재필은 당초 신문을 발행하면서 정부로부터 지원을 받았고 정부의 보호 아래 있었기 때문에 조정과는 우호적이었다. 그러

---

11   김승태, 앞의 책, 76~78쪽.

나 1896년 7월 2일 서재필을 고문으로 하여 독립협회가 창설되면서 〈독립신문〉은 독립협회의 기관지 역할을 하게 되고, 정부의 실정과 대신들의 비위 등을 날카롭게 폭로·비판하였다. 서재필의 일차적인 꿈은 조선의 자주독립에 있었다. 〈독립신문〉이 창간될 당시는 이른바 아관파천으로 고종과 왕세자가 러시아 공사관에 머물고 있었다. 이 기회를 이용하여 러시아는 압록강 연안과 울릉도의 삼림 벌채권을 비롯하여 경원·종성의 채광권과 인천 월미도의 저탄소 설치권 등 갖가지 이권을 차지했다.

이를 계기로 구미열강도 동등한 권리를 요구하여 경인·경의선 철도부설권을 비롯하여, 국가의 주요한 자원이 외국으로 속속 넘어갔다. 이와 같은 상황에서도 정부의 대신들과 유생들은 여전히 청국에 대한 사대속성을 버리려 하지 않았다. 골수에 맺힌 숭고주의와 중화사상이었다. 다음은 청국과 관련해서, 그러나 사실은 조선의 식자들을 겨냥한 서재필의 논설이다.

"청국 사람들이 몇 천 년을 생각하기를, 청국이 세계 중의 제일 개화한 나라요 제일 강하고 제일 부유하고 제일 큰 줄로 생각하야 몇 천 년 전의 모든 법률과 풍속과 정치를 오늘날까지 숭상하다가, 영국과 싸움하여 북경을 모두 불지르고 배상을 여러 천만 원을 물고 향항(香港)을 영국에 빼앗기고 그런 후에도 종시 구습을 고치지 않고 문명개화한 나라 사람들을 보면 오랑캐라 하고 귀족들은 외국에 가기도 싫어하고 새 학문 배우는 사람을 천히 여기고 그저 몇 천 년 된 풍속으로 나라를 다스리는 고로 나라가 점점 약하여져 백성이 도탄에 있고 국중(國中)에 완고당(頑固黨)이 점점 성하여 가더니, … 또 작년에 일본과 다시 싸워 … 일본 정부에서 청국더러 배상 팔천팔백만 원을 바치고 대만을 일본으로 붙이면 싸움을 그치겠노라 한즉, 청국이 너무나 감지덕지하여 그렇게 약조하고 겨우 목숨을 도모하였으니….”[12]

서재필은 이 논설에서 조선지식인들의 행태를 신랄히 비판한다.

“조선 사람들이 이 본보기를 곁에다 놓고 보면서도 꿈을 아니 깨고 세계에서 제일 천대받고 세계에서 제일 약한 청국을 본받으려 하니, 이런 조선 사람들은 관민간에 다 원수요 나라를 망하려는 사람들이다. 이런 사람들은 하륜선(河輪船)에 모두 실어 청국에다 갖다 버릴 것 같으면 친구들을 많이 만날 터이요 조선에서는 큰 경사다.”[13]

---

12 〈독립신문〉, 논설, 1896년 8월 4일치.
13 앞과 같음.

정부의 국제밀약
폭로하기도

◇

서재필은 한국에서 실행하고자 했던 개화사상(정책)을 다양하게 제시하였다. 위생문제·여성문제·교육문제·치도(治道)·공공의식·준법정신·언문일치 등 국정과 사회 전반에 걸쳐 봉건적 유제를 청산하고 근대적 개혁론을 제기하면서 서양의 선진사상과 문물을 소개하였다. 여기서는 한글전용과 관련해 소개한다.

"서재필의 글들은 내용이 혁명적이었을 뿐만 아니라 그의 통신수단 자체가 혁명적이었다. 즉 국문을 사용함으로써 피통치계급이었던 백성들, 그리고 여성들에게까지 지식과 정보를 전달하겠다는 의도는 너무나도 큰 도전이었고 혁명적 행위였다. 왜냐하면 서재필이 지적했듯이 한문전용의 문화는 지식층이 자기들의 지위를 보존하기 위한 수단이었고, 집권계급이 백성을 '압제하기 위한 수단'이었기 때문이다."[14]

〈독립신문〉의 한글전용은 가히 혁명적이었다. 세종대왕의 숭
고한 한글창제(정신)는 기득권층 유생들에 의해 언문으로 냉대
받았고 연산군 등 폭군시대에는 심하게 탄압을 받아야 했다.

"〈독립신문〉의 한글전용은 마르틴 루터가 귀족이나 성직자들
의 고급언어인 라틴어로만 읽을 수 있었던 성서를 평민들의 저
속한 언어였던 독일어로 번역한 사건에 비유될 수 있다. 실제로
〈독립신문〉은 한자가 아무나 배울 수 없는 양반과 기득권층의
독점물이며, 새로운 사회는 '상하귀천' '남녀노소' '빈부귀천'을
불문하고 모든 국민이 쉽게 소통할 수 있는 하나의 언어를 사용
해야 한다는 굳은 마음에서 출발했다."[15]

〈독립신문〉의 한글전용에 대한 인식의 일단을 소개한다.

지금 소위 공부하였다는 사람은 국문을 숭상하기를 좋아 아니

---

14 이정식, 앞의 책, 204쪽.
15 서울대 정치학과 독립신문 강독회, 『독립신문 다시 읽기』, 17~18쪽, 푸른역사,
    2004.

할 것이 한문을 공부하였은 즉 그 배운 것을 가지고 남보다 유식한 채 할라니까 만일 국문으로 책과 문적을 만들어 전국 인민이 다 학문있게 되거드면 자기의 유식한 표가 드러나지 아니할까 두려워하고….[16]

서재필의 한글전용에 대한 의지는 창간호 논설에서 잘 나타난다. "우리 신문이 한문은 아니 쓰고 다만 국문으로만 쓰는 것은 상하귀천이 다 보게 함이라"가 바로 그것이다.

서재필은 국제정세에도 예리한 관찰력을 보여주었다. 일본과 러시아는 1896년 5월 막부의정서의 비밀조약을 조인했다. 조선의 남북분할과 조선을 양국이 갈라서 보호한다는 비밀조약이었다. 서재필은 〈독립신문〉에서 이를 폭로했다.

서재필이 〈독립신문〉에서 가장 관심을 갖고 여러 차례 논설을 쓴 부문은 국민의 계몽과 민권의식이었다. 열강들의 침략행위를 규탄하고 이를 국민에게 널리 알림으로써 국민 스스로가 자각하고, 서구 나라들처럼 국민의 선택에 의해 집권자가 결정되는, 민주공화주의를 배양코자 하였다.

"우리가 바라건대 정부에 계신 이들은 몸조심도 하고, 나라가 잘되기를 바라거든 관찰사와 군수들을 자기들이 천거 말고 각

16 〈독립신문〉, 2권 92호.

지방 인민으로 하여금 그 지방에서 뽑게 하면 국민간에 유익한 일이 있는 것을 불과 1, 2년 동안이면 가히 알리라"[17]라고 국민의 직선제를 제창하였다.

서재필이 〈독립신문〉을 발행하고 있을 때 한국을 자주 방문했던 영국 왕립 지질학회 이사벨 버드 비숍은 그의 여행기에 〈독립신문〉과 관련 내용을 담았다.

관련 신문이 나와 사회의 진상을 가리킴 받자 국민들은 미몽에서 벗어나 관리의 악정과 재판의 부당함에 엄정한 비판을 해서 여론을 일으킬 수 있게 되었다. 신문이 나오자 컴컴한 부정을 태양 앞에 내세워 사회에 경종을 울리는 동시에 한편으로는 합리적인 교육과 정당한 개혁을 장려하며, 인지의 개발에 큰 도움을 주었다. 이에 부정한 관리와 불량한 관원들은 모두 혀를 내두르면서 놀라며 두려워하였다.

발행자 제이슨(서재필) 박사는 미국에서 교육받은 한국인 신사로 진심·성의로 그의 조국을 번영시키고자 애쓰고 있다. 신문배달원들이 이 국문신문을 한 아름씩 옆에 끼고 거리를 지나가는 광경과 상점마다 그 신문을 읽고 있는 여러 사람들의 모습은 실

17 〈독립신문〉, 1896년 4월 14일치, 논설.

로 1896년 이래의 새로운 현상이었다.[18]

---

18 송건호, 『서재필과 이승만』, 157~158쪽 재인용.

〈독립신문〉 참여

창간호 논설
누가 썼는가
◇

〈독립신문〉 창간호 1면에는 두 개의 '논설'이 실려 있다. 일종의 창간사인 셈인데, 편의상 '논설1'과 '논설2'로 분류하면, 논설1에는 '언문'이란 표기가 있고 논설2에는 '국문'이라고 하여, 그동안 학계에서는 ①은 서재필, ②는 주시경이 필자라는 논쟁이 일었다. 두 논설을 요약하면 다음과 같다.

논설 1

① 내외국인에게 우리 주의를 알리기 위해 〈독립신문〉을 출판한다.

② 불편부당한 태도로 조선인민만을 위하여 일하겠다.

③ 정부와 백성의 중간에서 매개 역할을 하겠다.

④ 저렴한 가격으로 보급하겠다.

⑤ 언문으로만 쓰기와 구절 띄어쓰기를 지키겠다.

⑥ 정부의 잘못과 탐관오리의 고발에 적극 나서겠다.

⑦ 대 군주 폐하와 조선정부와 조선인민을 위한 신문이다.

⑧ 영문기사는 외국인에게 조선 사정을 바르게 알리기 위해 마련하였다.

⑨ 외국 사정을 조선인민에게 알리겠다.

논설 2

① 국문으로만 쓰는 목적은 남녀 상하귀천이 모두 보게 하려는 것이다.

② 구절 띄어쓰기를 하는 것은 쉽고 자세히 알게 하려는 것이다.

③ 조선 사람은 조선 국문을 배우고 사용하여야 한다.

④ 국문은 배우기 쉽고 알아보기 쉬운 우수한 문자다.

⑤ 한문만 써 온 버릇 때문에 국문의 이해가 부족하다.

⑥ 국문이 알아보기 어려운 것은 말마디를 떼지 않기 때문이다.

⑦ 정부에서 한문만 쓰기 때문에 한문 못하는 인민은 정부 일을 모른다.

⑧ 국문만 알고 물정도 알고 학문이 있으면 한문만 알고 물정 모르는 이보다 낫다.

⑨ 여자도 국문을 잘하고 행실이 좋으면 한문만 아는 귀족 남
  자보다 낫다.
⑩ 면부 귀천 구별 없이 외국물정과 내지 사정을 알리겠다.
⑪ 이 신문을 읽으면 새 지각과 새 학문이 생길 것이다.[19]

심재기 교수는 논설2 역시 서재필의 작품으로 추정하면서 "그
동안 항간에 논설2의 주인공을 주시경으로 보려는 경향은 어째
서 생긴 것인가. 그것은 개화기에 국문운동을 필생의 사업으로
펼쳐온 분이 주시경이었기 때문에 그 시절의 모든 국문운동에
주시경이 관여했을 것이라는 추측을 쉽게 할 수 있었던 것이 그
원인"이라면서 다음과 같이 덧붙였다.

주시경은 그의 사업 거의 전부가 한글운동이었고, 서재필의
한글운동은 그의 개화계몽운동의 한가닥 가지에 불과하였다. 주
시경의 주전공은 한글운동이었으나 서재필에게서는 부전공에
지나지 않는 것이었다. 따라서 주전공 우대 성향이 〈독립신문〉
제1호의 논설2 조차도 주시경의 것으로 보려고 한 것이었다.
다시금 검토해 보자. 〈독립신문〉 제1호가 간행된 1896년 4월

19 심재기, 「서재필과 한글 발전운동」, 『서재필과 그 시대』, 264~265쪽, 서재필 기념
     사업회, 2003.

7일, 서재필은 33세의 의기발랄한 청장년으로서, 또 미국의 의사요 서양학문을 두루 섭렵한 당당한 개화계몽의 기수로서, 그리고 〈독립신문〉의 만 가지 주인으로서 그 신문을 처음 간행한 인물이었다.

한편 주시경은 개화에 열의를 품고 있으나 아직 21세의 약관이요, 배재학당의 학생으로서 독립신문사에 회계 겸 교보원(校補員)으로 취직이 된 상태였다. 주시경의 열성과 천재성이 아무리 특출하다고 해도 그 시기에 주시경이 그러한 국문의식을 확립하고 논설을 썼다고는 말할 수 없다. 그 무렵에 주시경은 배재학당의 학생으로서 서재필의 강의를 듣는 처지였다.[20]

충분히 일리가 있는 주장이다. 그러나 같은 사람이 같은 시기에 대단히 중요한 어휘를, 그것도 핵심적인 용어를 달리 썼을까하는 의문이 남는다.

---

20 앞의 책, 268~269쪽.

한자에는 무슨 조화가 붙은 줄로만 여기니
진실로 애석한 일이도다

◇

주시경은 〈독립신문〉에 기명으로 몇 편의 글을 썼다. 다음은 제 47호와 제48호에 같은 제목으로 쓴 글이다.

　사람들이 사는 땅덩이 위 다섯 큰 부주 안에 있는 나라들이, 제 가끔 본토 말이 있고 제가끔 본국 글자들이 있어서 각기 말과 일을 기록하고, 혹간 말과 글자가 남의 나라와 같은 나라도 있는데, 그 중에 말하는 음대로 일을 기록하여 표하는 글자도 있고, '무슨 말은 무슨 표'라고 그려 놓는 글자도 있는지라.
　글자라 하는 것은 단지 말과 일을 표하는 것이라, 말을 말로 표하는 것은 다시 말하잘 것이 없거니와, 일을 표하자면 그 일의 사연을 자세히 말로 이야기를 하여야 될지라. 그 이야기를 기록하면 곧 말이니, 이런 고로 말하는 것을 표로 모아 기록하여 놓은 것이나 표로 모아 기록하여 놓은 것을 입으로 읽는 것이나 말에 마디와 토가 분명하고 서로 음이 똑같아야, 이것이 참 글자요, 무슨 말은 무슨 표라고 그려 놓는 것은 그 표에 움직이는 토나 형용하는 토나 또다른 여러 가지 토들이 없고, 또 음이 말하는 것과 같지 못하니, 이것은 꼭 '그림'이라고 이름하여야 옳고 '글자'라 하는 것은 아주 아니 될 말이라.

또, 이 두 가지 글자들 중에 배우기와 쓰기에 어렵고 쉬운 것을 비교하여 말하면, 음을 좇아 쓰게 만드는 글자는 자 · 모음('모음'이란 것은 소리가 나가는 것이오, '자음'이란 것은 소리는 아니 나가되 모음을 합하면 모음의 도움으로 인하여 분간이 있게 소리가 나가는 것이라)에 분간되는 것만 각각 표하여 만들어 놓으면 그 후에는 말을 하는 음이 돌아가는 대로 따라 모아 쓰나니, 이러함으로 자연히 글자 수가 적고 무리가 있어 배우기가 쉬우며, 글자가 몇이 안 되는 고로 획수를 적게 만들어 쓰기도 쉬우니, 이렇게 글자들을 만들어 쓰는 것은 참 의사와 규모와 학문이 있는 일이오, 무슨 말은 무슨 표라고 그려 놓는 것은 물건의 이름과 말하는 것마다 각각 표를 만들자 한즉 자연히 표들이 몇 만 개가 되고, 또 몇 만 개 표의 모양을 다 다르게 그리자 한즉 자연히 획수가 많아져서 이 몇 만 가지 그림들을 다 배우자 하면 몇 해 동안 애를 써야 하겠고, 또 획수들이 많은 고로 쓰기가 더디고 거북할 뿐더러, 이 그림들의 어떠한 것이 이름진 말 표인지 움직이는 말 표인지 알 수가 없고 또 잊어

〈독립신문〉 참여

버리기가 쉬우니, 이는 때(시간)를 공연히 허비하고 애(노력)를 공연히 쓰자 하는 것이니, 참 지각 없고 미련하기가 짝이 없는 일이라.

옛적 유럽 속에 있던 페니키아란 나라에서 만든 글자들은, 자·모음을 합하여 스물여섯 자로되, 사람들의 말하는 음들은 다 갖추었는 고로, 어떤 나라 말의 음이든지 기록하지 못할 것이 없고, 또 쓰기가 쉬움으로 인하여, 지금 문명한 유럽 속의 여러 나라들과 아메리카 속의 여러 나라들이 다 이 글자로 제 나라 말의 음을 좇아 기록하여 쓰는지라.

조선 글자가 페니키아에서 만든 글자보다 더 유조하고 규모가 있게 된 것은, 자·모음을 아주 합하여 만들었고, 단지 받침만 때에 따라 넣고 아니 넣기를 음의 돌아가는 대로 쓰나니, 페니키아 글자 모양으로 자·모음을 옳게 모아 쓰려는 수고가 없고, 또 글자의 자·모음을 합하여 만든 것이 격식과 문리가 더 있어 배우기가 더욱 쉬우니, 우리 생각에는 조선 글자가 세계에서 제일 좋고 학문이 있는 글자로 여겨지노라.

조선이 가장 처음에는 말을 기록하는 표가 없는 까닭에, 기자께서 조선에 오신 후로부터 한토 학문을 전하고자 하신 즉 이를 말로만 가르치실 수가 없어 한토 글자를 가르치셨고, 한토의 사적을 배우려 하는 사람들도 그 글자를 모르고는 염량하기가 어려운 고로 차차 그 글자를 공부하는 사람들이 많아졌는지라.

이 글자들은 무슨 말은 무슨 표라고, 도무지 학문이 없게 그려 놓은 그림인 고로 배우기가 어렵고 쓰기가 어려우나, 이 그림으로 학문도 그려서 배우며 사기도 그리며 편지도 그려서 사정도 통하였으니, 그 전에 이런 그림 글자나마 없을 때보다는 좀 도움됨이 있어 몇 천 년을 써 내려오다가, 조선 세종대왕께서 문명의 정치를 힘쓰시어 더욱 학문을 나라 안에 넓히고자 하시고, 서울과 시골에 학교를 많이 세우시며 국내에 학식이 있는 선비들을 부르시어 여러 가지 서책들을 많이 만들어 내시며 백성을 다 밝게 가르치자 하시니, 한문 글자가 배우기와 쓰기에 어렵고 지리한 것을 염려하시고, 서장국 글자를 인하여 말하는 음을 좇아 쓰게, 글자들을 어리석은 아이라도 하루 동안만 배우면 다 알게 만드시어, 국내의 백성을 가르치시며(이름은 '훈민정음'이라 하셨으니, 뜻은 "백성을 가르쳐 음을 바르게 하시는 것"), 한문 책들을 이 글자로 뜻을 새겨서 판에 박아 내시고, 또 새 책들도 많이 만드시어 그 한문 글자를 모르는 인민들도 다 알게 하옵셨는지라.[21]

---

21   이 글은 〈독립신문〉 제2권 제47호(1897. 4. 22)와 제48호(4. 24.) 두 차례에 걸쳐 실린 글을 지금 맞춤법에 맞도록 손질한 것이다. 한글학회, 『겨레의 글자살이는 한글만으로』, 10~11쪽, 1990.

〈독립신문〉 참여

남녀노소 상하 빈부귀천 없이
편리한 우리글

◇

이 글자들은 자음이 여덟 가지 표요, 모음이 열한 가지 표로 합하여 만드셨는데, 흐린 자음은 맑은 자음에다가 획을 더 넣고, 자음마다 모음을 합하여 맑은 음 일곱 줄은 바른 편에 두고 흐린 음 일곱 줄은 왼편에 두고 그 가운데에 모음을 끼어서 이것을 이름을 '반절'이라 하고 특별히 글자 음의 높고 낮은 데에다 세 가지 표하는 것이 있으니 낮은 음 글자에는 아무 표도 없고(없는 것이 표이라), 반만 높이는 음 글자에는 점 하나를 치고, 더 높이는 음 글자에는 점 둘을 치는지라, 참 아름답고 은혜롭도다.

큰 성인께서 하신 사업이여, 글자 음이 음률에 합당하고 반절 속이 문리가 있어 어리석은 어린 아이라도 하루 동안만 공부하면 넉넉히 다 알만하도다. 전국 인민들의 공연히 때 허비하는 것을 덜어 주시고, 남녀노소 상하 빈부귀천 없이 다 일제로 편리하게 하셨으며, 더욱 오늘날 우리나라 문명, 정치 상에 먼저 쓸 큰 사업이로다. 그 크신 은공을 생각하면 감격함을 이기어 다 기록할 수 없도다.

이렇게 규모가 있고 좋은 글자는 천히 여겨 내버리고, 그렇게 문리가 없고 어려운 그림을 애 쓰고 배우는 것은 글자 만드신 큰 은혜를 잊어버릴 뿐더러 우리나라와 자기 몸에 큰 해와 폐가 되는 것이 있으니, 배우기와 쓰기 쉬운 글자가 없으면 모르되, 어렵고 어려운 그 몹쓸 그림을 배우자고 다른 일은 아무것도 못 하고 다른 재주는 하나도 못 배우고, 십여 년을 허비하여 공부하고서도 성취하지 못하는 사람이 반이 넘으며, 또 십여 년을 허비하여 잘 공부하고 난대도 그 선비의 아는 것이 무엇이뇨. 글자만 배우기도 이렇게 어렵고 더딘데, 인생 칠 팔십 년 동안에 어렸을 때와 늙을 때를 빼어 놓고, 어느 겨를에 직업상 일을 배워 가지고 또 어느 겨를에 직업상 실상으로 하여 붙는지 틈이 있을까 만무한 일이도다. 부모 앞에서 밥술이나 얻어먹을 때에는, 이것을 공부하노라고, 공연히 인생이 두 번 오지 아니하는 청년을 다 허비하여 버리고, 삼사십 지경에 이르도록 자기 일신 보존할 직업도 이루지 못하고 어느 때나 배우려 하느뇨.

어찌 가련하고도 분하지 아니하리오. 이러함으로 백성이 무식하고 가난하여 자연히 나라가 어둡고 약하여지는지라. 어찌 이것보다 더 큰 해와 폐가 있으리오.

〈독립신문〉 참여

글자라 하는 것은 다만 말만 표하였으면 족하건마는, 풍속에 거리껴서 그리하는지, 한문 글자에는 꼭 무슨 조화가 붙은 줄로 여겨 그리하는지 알 수 없으니, 진실로 애석한 일이로다. 우리나라 사람들이 종시 이것만 공부하고 다른 새 사업을 배우지 아니하면, 우리나라가 어둡고 약함을 벗지 못하고, 머지 아니하여 자기 조상들에게서 전하여 받아 내려오는 전답과 가장과 자기의 신골과 자손들이, 다 어느 나라 사람의 손에 들어가 밥이 될 지 알지 못할 증거가 눈앞에 보이니, 참 놀랍고 애탄할 곳이로다. 어찌 조심하지 아니할 때리오.

만일 우리로 하여금 그림 글자를 공부하는 대신에, 정치 속에 의회원 공부나 내무 공부나 외무 공부나 재정 공부나 법률 공부나 수·육군 공부나 항해 공부나 위생상 경제학 공부나 장색 공부나 장사 공부나 농사 공부나 또 그 밖의 각색 사업상 공부들을 하면, 어찌 십여 년 동안에 이 여러 가지 공부 속에서 아무 사람이라도 쓸만한 직업의 한 가지는 졸업할 터이니, 그 후에 각기 자기의 직분을 착실히 지켜 사람마다 부자가 되고 학문이 열리면, 그제야 바야흐로 우리나라가 문명·부강하여 질 터이라.

간절히 비노니, 우리나라 동포 형제들은 다 깨달아 실상 사업에 급히 나가기를 바라노라, 지금 우리나라 한 시간은 남의 나라 하루 동안보다 더 요긴하고 위급하오니, 그림 한 가지 배우자고 이렇게 아깝고 급한 때를 허비하지 말고, 우리를 위하여 사업하

신 큰 성인께서 만드신 글자는 배우기가 쉽고 쓰기도 쉬우니 이
글자들로 모든 일을 기록하고, 사람마다 젊었을 때에 여가를 얻어
실상 사업에 유익한 학문을 익혀 각기 할만한 직업을 지켜서 우
리나라 독립에 기둥과 주초가 되어, 우리 대군주 폐하께서 남의
임금과 같이 튼튼하시게 보호하여 드리며 또 우리나라의 부강한
위엄과 문명한 명예가 세계에 빛나게 하는 것이 마땅하도다.

5장

개화의 물결 껴안으며

독립협회위원으로 참여

◇

1896년 4월 〈독립신문〉이 창간되고 7월에 독립협회가 설립되었으며, 1898년 3월 만민공동회가 개최되었다. 2년여 동안은 개화의 전성기였으며, 한글운동을 중심으로 가히 르네상스라 할 만했다. 주시경은 개화의 물결에 뛰어들어 뜨거운 열정을 바쳤다.

일본이 1868년 메이지 유신으로 근대국가로 탈바꿈한 지 30여 년 뒤라서, 얼마든지 우리가 따라잡을 수 있는 시기였다. 서재필을 중심으로 하는 독립신문→독립협회→만민공동회가 수구세력의 방해 없이 제대로 진행되었으면, 한국의 역사는 망국의 나락으로 빠져들지 않았을 지도 모른다.

협성회 회원이 300여 명에 이르면서 서재필은 좀 더 조직을 확대하고자 한 것이 독립협회의 창립이다. 1896년 7월 2일 우리나라 최초의 민간 사회정치단체인 독립협회가 창립되었다.

독립협회는 '독립협회 규칙'을 제정하고 임원을 선출했다. 회장 안경수·위원장 이완용, 위원에는 주시경을 비롯하여 김가진·김종한·민상호·이채연·권재형·현흥택·이상재·이근호, 감사원으로 송현빈·남궁석·오세창 등이 선임되었다. 서재필은 국적이 미국으로 되어 있어서 간부나 회원이 되지 않고 고문으로 추대되었다.

독립협회는 첫 사업으로 독립문과 독립관, 독립공원의 건립을 확정하고 각계의 지원과 회원가입을 호소하는 「독립협회 윤고(輪告)」를 채택하였다. 독립협회는 몇 갈래 세력이 연대하여 조직되었다. 온건 개화파인 건양협회세력, 주로 외교계 관료들로 구성된 정동구락부 세력, 이 두 세력에 가담하지 않고 개별적으로 독립개화정책을 지지하던 독립파 세력이다.

"독립협회는 이상의 3개 흐름의 세력을 모아서 창립된 것으로 보여진다. 그러나 위의 세 흐름의 세력과 독립협회와의 관계는 창립 당시의 발족 위원들에 한정된 것이지, 그 이후의 독립협회 조직의 발전과는 별개의 것임을 주의해 둘 필요가 있다."[1]

독립협회의 목표는 일차적으로 독립문·독립공원·독립관의

---

1 신용하, 『독립협회연구』, 84쪽, 일조각, 1976.

건립 등 창립사업에 주력했지만, 기본적으로는 국민계몽·민력조성·민력단합을 통한 자주국권에 의한 근대적인 독립국가의 건설이었다. 이를 위해 민주주의 사상, 자강개혁에 의한 문명국가를 세우고자 하는 근대화운동의 추진에 목표를 두었다.

독립협회를 주도한 주요 회원들의 사상적 계보와 인적 계보를 보면 독립협회의 조직이 연합운동이었음을 알 수 있다. 이 중에서도 가장 뚜렷한 두 개의 흐름은 ① 서구시민사상을 도입하여 그 영향을 크게 받은 세력이고, ② 다른 하나는 개신유학적 전통을 배경으로 동도서기파에서 한 단계 더 발전한 국내사상의 성장의 흐름이다. 이밖에 위정척사파와 동학과 기독교의 영향도 있으며, 인적 계보로 볼 때에는 신지식층 이외에 시민층·농민층·노동자층 및 해방된 천인층 등이 직접 대표위원으로 선출되어 주도회원이 되기도 하고, 이동휘 등 개화파 무관이 중요한 역할을 담당하기도 하였다. 그러나 주도회원의 주류를 이루고 있는 것은 당시에 새로이 성장하고 있던 신지식층이며 박은식이 지적한 바와 같이 독립협회는 '유식한 신사의 조직'이었다.[2]

독립협회는 한때 회원수가 2,000명을 돌파하였으며 여러 지역에 지회를 설치할 만큼 세력이 확대되었다. 주요 활동은 ① 애국

---

2 앞의 책, 104~105쪽.

계몽운동 ② 국권수호운동 ③ 국토수호운동 ④ 국가이권수호운동 ⑤ 인권신장운동 ⑥ 개화내각수립운동 ⑦ 국민참정권운동 ⑧ 정치개혁운동 등을 꼽을 수 있다. 독립협회는 개화시기의 대표적인 시민사회단체로서 민주공화주의 사상을 처음으로 제기하였다.

독립협회가 창립되어 자주독립정신이 강화되고 있을 때인 1897년 2월 20일 고종이 '아관파천'을 끝내고 환궁하여, 같은 해 10월 12일 내각과 백성들의 상소에 따르는 형식으로 새로 지은 환구단에 나아가 이른바 '광무개혁'을 단행하였다. 고종은 조선이 청나라의 제후국과 같은 위치에서 벗어나 자주독립국임을 내외에 선포하면서 국호를 '대한제국'이라 하고, 청나라의 연호를 버리고 독자적으로 '광무'라는 연호를 사용하고, 임금의 칭호도 '황제'로 격상하는 건원칭제의 칙령을 발표하였다.

광무개혁은 황제권과 자위군대의 강화에 역점을 두었다. 그동안 〈독립신문〉과 독립협회에서 줄기차게 주창해온 국가개혁에는 크게 미치지 못한 채 자신의 통치권 강화에만 비중을 둠으로써 시대정신에 따르지 못한다는 비판을 불러왔다.

영은문 터에
독립문 세워

◇

독립협회는 자주독립국가의 결의를 다지고 위상을 강화하는 국
가적 상징물로서 독립문을 세우기로 하였다. 이는 독립협회의
주요 목적 사업이 되었다. 전통적으로 청국 사신을 영접하던 영
은문이 헐린 장소인 서대문구 현저동에 독립문을 세우기로 하
여, 고종황제의 동의를 받았다. 1896년 11월 21일 정초식을 거
행하여, 1년 뒤인 1897년 11월 20일 준공을 보기에 이르렀다. 서
재필은 독립문을 건립하게 된 배경을 〈독립신문〉을 통해 널리
소개하였다.

　오늘 우리는 국왕께서 서대문 밖 문의 옛터에 '독립문'이라고
명명할 새로운 문을 세우기로 결정한 사실에 기뻐한다. 우리는
그 문에 새겨질 이름이 한국어(언문)로 조각될 지 알지 못하지만

그렇게 되길 바란다. … 이 문은 다만 중국으로부터의 독립만을 의미하는 것이 아니라, 일본으로부터 러시아로부터 그리고 모든 유럽 열강으로부터의 독립을 의미하는 것이다.

그것은 조선이 전쟁의 폭력에서 열강들에 대항하여 견딜 수 있다는 의미에서가 아니라, 조선의 위치가 극히 중요하여, 평화와 휴머니티와 진보를 위해서 조선의 독립이 필요하며, 조선이 동양 열강 사이의 중요한 위치를 향유함을 보장하도록 위치하고 있다는 의미에서 그러한 것이다. 전쟁이 조선의 주변에서 발발할 수 있을 것이다. 아니 그 머리 위에서 쏟아질 것이다. 그러나 힘의 균형의 법칙에 의하여 조선은 손상 받지 않고 다시 일어설 것이다.

독립문이 대성공을 거두길, 그리고 후세들이 독립문을 가리키며, 이것을 만든 백성들에게 영국인, 미국인, 프랑스인 같은 다른 나라 사람들이 그들 선조들의 영광스러운 성취를 나타낼 때 받는 느낌과 같은 느낌을 느끼기를 바란다.[3]

서재필은 프랑스 파리의 개선문을 모방하여 독립문을 짓고자 하였으나, 예산과 기술이 이에 미치지 못한 것을 안타까워하였다. 화강석으로 쌓은 구조물은 중앙에 홍예문이 있고, 내부 왼쪽

---

3 〈독립신문〉, 1897년 11월 20일치.

에 정상으로 통하는 돌층계가 있으며, 정상에는 돌난간이 둘러져
있다.

홍예문의 이맛돌에는 조선왕조의 상징인 이화문장(李花紋章)이
새겨져 있고 그 위의 앞뒤 현판석에는 각각 한글과 한자로 '독립
문'이라는 글씨와 그 좌우에 태극기가 새겨져 있다.[4]

'독립문'이라는 현판 글씨는 그동안 이완용이 썼다는 주장이
었으나, 근래에는 당대의 명필이었던 김가진의 작품이라는 주장
이 설득력을 얻고 있다.

건립을 주도한 서재필은 독립문이 완공되는 날 다음과 같은
기록을 남겼다.

이달 초 이튿날 새 외부(外部)에 여러분들이 모여 의론하기를
조선이 몇 해를 청국 속국으로 있다가 하나님 덕에 독립이 되어,
조선 대군주 폐하께서 지금은 세계에서 제일 높은 임금들과 동
등이 되시고,(건원칭제를 말하는 듯-필자) 조선인민이 세계 자유하는
백성들이 되었으니, 이런 경사를 그저 보고 지내는 것이 도리가
아니요, 조선이 독립된 것을 세계에 광고도 하여, 또 조선 후생
들에게도 이때에 조선 독립된 것을 전하자는 표적이 있어야 할

---

4 『한국민족문화대백과사전(7)』, 62쪽.

터이요, 경치 좋고 정한 데서 운동도 하여야 할지라, 모화관에 새로 독립문을 짓고 그 안을 공원으로 하여 천추만세에 자주독립한 뜻이라.

이것을 하려면 정부 돈만 가지고 하는 것이 마땅치 않은 까닭은, 조선이 자주 독립된 것이 정부에만 경사가 아니라 전국 인민의 경사라, 인민의 돈을 가지고 이것을 꾸며놓는 것이 나라에 더 영광이 될 터이요.[5]

현존하는 독립문은 사적 제33호로 지정되고, 박정희 정부가 1979년 7월 성산대로 공사를 하면서 원위치에서 서북쪽으로 70m 떨어진 지점으로 옮겨 오늘에 이른다. 독재정권은 자주독립의 상징물인 독립문의 위치까지 옮기는 만용을 서슴지 않았다.

독립문이 건립되었을 때 〈독립신문〉에는 이를 경축하는 '독자투고'가 실렸다. 백성들이 좋아했던 일면을 보여준다. 내용 중에 '연주문'은 영은문의 별칭이다.

양성 김석하 독립문가
우리 조선신민들은 독립가를 들어보오
병자지수 설치하고 자주독립 좋을시고

---

5 〈독립신문〉, 1897년 11월 20일치.

독립문을 지은 후에 독립가를 불러보세
우리 조선신민들은 진충보국 하여보세
우리 성주 유덕하여 자주독립 좋을시고
연주문을 쇄파하고 독립문이 높아지네
우리 성주 수만세요 우리 창생 화합이라
오백년래 좋은 일은 독립문이 좋을시고.[6]

---

6 〈독립신문〉, 1896년 7월 16일치.

협성회의 후신
만민공동회 출범

◇

한말 조선의 정세는 거듭되는 외우내환으로 날로 위기의 고빗길로 치달았다. 청일전쟁에서 패한 청국의 영향력은 크게 줄어들었으나, 러시아와 일본이 조선이라는 먹잇감을 놓고 대결하고, 국내적으로는 종주국을 옮겨가면서 사대기득권을 놓지 않으려는 수구파와 현상타파를 통해 자주독립국가를 세우려는 개혁진보파 사이에 치열한 각축전이 벌어졌다.

고종은 대한제국을 선포했으나, 여전히 친러파가 국정을 농단하고, 이를 비판하는 서재필과 독립협회를 견제하기 시작했다. 고종은 한때 서재필을 옹호하는 듯했으나, 〈독립신문〉과 독립협회가 러시아의 이권 침탈과 이에 놀아난 친러파 조정 대신들을 비판하면서 적대의식으로 바뀌어갔다.

독립협회는 러시아 공사 스페이에르가 부산의 절영도 조차를 거듭 요구하자 1898년 2월 27일 간부회의를 열어 이를 격렬하게 성토하고, 또한 일본에 조차된 석탄고 기지를 회수할 것을 요구하는 등 국권수호를 위한 민중운동을 벌이기로 하였다.

이 해 3월 10일 서울시민 1만여 명이 종로에 모였다. 당시 서울 시민의 17분의 1에 해당하는 사람들이 자발적으로 참여한 것이다. 2016~2017년 박근혜의 적폐와 수구세력의 국정농단을 성토하고자, 광화문에 17회에 걸쳐 연일 100만 명의 시민이 모인 촛불혁명이 이보다 100년이 훨씬 더 지난 때의 일이다.

우리나라에서 민란이나 혁명이 아닌 평시에 서울 중심가에 시민 1만여 명이 모인 것은 사상 최초의 일이었다. 그것도 토론을 하거나 듣기 위해서 자발적으로 모인 것이다. 서재필의 주선으로 주시경 등이 참여한 배재학당과 협성협회에서 시작한 토론 문화가 마침내 만민공동회로 발전하기에 이르렀다.

민중들은 만민공동회에서 쌀장수 현덕호를 회장으로 선출한 데 이어 다수의 시민들이 연단에 올라 러시아의 이권 침탈정책을 규탄하면서, 정부가 나라의 자주독립을 지키기 위해 러시아의 군사교관과 재정고문의 퇴거를 요구하여 박수갈채를 받았다.

독립협회와 만민공동회는 밖으로는 열강의 침략과 이권침탈을 막아내고, 안으로는 국정개혁을 통해 자주적인 독립국가를 세우고자 하는 여러 가지 개혁안을 제시하고 토론하였다. 주요 내용은 다음과 같다.

첫째, 그들은 중추원을 의회로 개편하여 입법기관으로서의 의회를 개설하고, 이를 통하여 민의가 언제나 국정에 반영되는 체제를 수립하여야 한다고 생각하였다.

둘째, 그들은 개혁파관료를 중심으로 한 강력한 자강개혁 내각을 수립하여, 이 새 내각이 적극적으로 자강개혁정책을 시행하여야 한다고 생각하였다. … 의회를 통하여 국민이 자기의 의사를 충분히 국정에 반영시킬 수 있으면 정부와 국민이 서로 신뢰하고 단결하여 안으로는 자강을 실현하고 밖으로는 외세의 침략을 막아 자주독립을 지킬 수 있다고 보았다.

셋째, 그들은 이를 위해서 관민이 합석하여 국정개혁의 대원칙을 민중의 의사에 따라 결정하고, 자강개혁 내각으로부터 이 대원칙의 실천을 약속받아 보장시킨 다음 민중도 일치단결하여 이 자강개혁을 지지하고 일정기간 동안 관민이 대동단결하여 열강의 침략으로부터 나라의 자주독립을 지킬 실력을 길러야 한다고 생각하였다.[7]

민심을 얻은 만민공동회는 독립협회의 결정에 따른 정기적인 집회(매주 토요일)와는 별도로 민중들이 스스로 여기저기서 집회를 열어 국가현안을 토론하고 외세의 침탈을 배격하면서 각종

---

7 신용하, 앞의 책, 378~379쪽.

탐관오리들의 수탈을 폭로하였다. 이런 과정에서 주시경은 협성회를 이끌었던 경험을 바탕으로 많은 역할을 하였다. 이렇듯 민력(民力)이 강화되어가자 러시아는 물론 친러대신들과 고종황제, 심지어 일본까지 독립협회와 만민공동회의 활동을 혐오하기 시작했다. 다음은 주한일본공사관의 기록이다.

독립파의 목적은 견고한 정부를 형성하여 비정을 개혁하려고 하는데 있다. 그러나 지금과 같이 궁정의 질서가 혼란하고 군권(君權) 남용의 폐행이 많음에 당하여서는 도저히 목적을 관철할 수 없다고 보고, 먼저 현임대신을 배척하여 연소유위(年少有爲)의 인재를 거하여 신정부를 조직함과 동시에, 중추원관제를 개혁하여 여기에 참정권을 주어서 정부와 서로 연합하여 정부의 지위를 견고히 하고, 상폐하(황제)에 대하여 강경한 태도를 집하여 그 군권을 억제하고 비정의 혁파를 여행하려고 하는데 있는 것 같다.[8]

일본은 장차 대한제국을 침략하여 속방화하려는 것이 목적인데, 조선이 근대적 입헌공화제 국가로 발전하려는 주장이 크게 못마땅했던 것이다. 〈독립신문〉과 독립협회, 만민공동회의 활동

---

8 「주한일본공사관기록」, 1898년(명치 31년) 11월 8일조, (독립협회 대신배척 관련 상보).

이 강화되어 가면서 러시아와 친러대신 그리고 고종과 일본정부까지 개화파의 존재에 대해 못마땅해하고 제거의 대상으로 꼽았다. 조선사회의 모든 개혁활동의 중심에 서재필이 작용하고, 그에 의해 운영되고, 움직인다고 판단한 것이다. 그래서 관가에서는 공공연하게 서재필의 추방 소식이 나돌았다.

이 시기에 주시경이 참여한 독립협회와 만민공동회가 전개한 주요 활동은 다음과 같다.

① 서재필 추방 반대운동, ② 생명과 재산의 자유권 수호운동, ③ 탐관오리의 규탄, ④ 러시아의 목포·진남포 항구매도 요구 반대, ⑤ 프랑스의 광산이권 요구 반대, ⑥ 정부의 해외 각종 이권 양여의 조사, ⑦ 무관학교 학생선발 부정 비판, ⑧ 의사양성학교 설립 주장, ⑨ 의병에 피살된 일본인에 대한 일본의 배상요구 저지와 이권요구 반대, ⑩ 황실호위 외인부대 창설 저지, ⑪ 노륙법 및 연좌법 부활 저지, ⑫ 7대신 규탄과 개혁내각 수립, ⑬ 민족상권 수호운동, ⑭ 언론과 집회의 자유권 수호운동, ⑮ 의회설립운동 등이다.

만민공동회의 영향과 반향은 적지 않았다. 무엇보다 4천 년 동안 억눌리고 착취의 대상이었던 피지배 서민들이 당당하게 자기의 주장을 피력하면서, 권세가들을 드러내 놓고 비판할 수 있는 광장을 마련한 것이다. 그리고 일방적인 지시, 추종의 질서가 토론문화로 바뀌어 갔다. 정부는 한때 엄청난 군중의 힘에 압도되

어 고종이 돈례문까지 나와 만민공동회 대표에게 대정부 제안의
일부를 수용하겠다는 약조까지 하기에 이르렀다.

권총 구해
이승만 탈옥 종용

◇

고종을 일러 '개명군주'라는 학자들이 있다. 인물 평가는 생애 전체를 두고 시비곡직을 가려서 종합·판단하는 것이 옳다. 고종이 독립협회와 만민공동회의 요청을 받아들여 최소한 입헌군주제라도 수용하였다면, 청·러·일의 차례로 뒤바뀌는 열강의 침략으로부터 국치를 면하였을 지도 모른다. 고종은 초기에는 대원군, 나중에는 민비와 친러파, 종국에는 친일파 대신들에게 휘말려 국권을 상실한 망국군주라는 오명을 쓰게 되었다.

고종은 독립협회와 만민공동회를 배척하면서 오로지 왕권유지에만 권력을 쏟았다.

고종은 독립협회를 대신하여 자신의 의지를 관철시킬 친위 조직의 필요성을 강하게 느끼기 시작했다. 그것은 1898년 6월 30

일 황국협회의 결성으로 현실화되었다. 황국협회는 이기동·고영근·길영수 등 황실 측근세력이 주도했지만, 몇 해 전에 고종의 밀명을 받아 김옥균을 암살했던 홍종우가 협회의 이념과 정책 방향을 이론적으로 뒷받침했다.

황국협회의 행동대원은 황실의 지원을 받은 상부사의 보부상들이었다. 이들 세력 가운데 몇몇은 권력욕으로 황국협회와 독립협회를 오가며 활동했지만, 대부분은 확고부동한 고종의 친위대로서 얼마 후 벌어질 만민공동회를 무력으로 진압하는 데 앞장서게 된다.[9]

예나 지금이나 민심을 얻지 못한 수구세력은 음모와 술책으로 기득권을 유지하려 든다. 독립협회와 만민공동회가 시세와 민심을 타고 국정개혁의 동력으로 작용하자, 수구세력은 정치적으로 위기감을 느끼게 되었다. 그리고 음모를 꾸민다.

독립협회의 운동이 1898년 10월 12일 박정양·민영환을 중심으로 한 개혁파 정부를 수립하는 데 성공하자, 개화파 인사들은 이 신정부를 지지하고, 신정부와의 협의 하에 중추원을 개편하여, 의회를 설립하기로 합의한 후 의회설립안을 정부에 제출하였다.

---

9 이황직, 『독립협회, 토론공화국을 꿈꾸다』, 105쪽, 프로네시스, 2007.

개혁파 정부도 이를 받아들여 11월 5일 한국사상 최초의 의회를 개원하기로 하고, 중추원신관제(의회설립법)를 공포하였다. 또한 개혁파들은 그들의 체제를 굳히는 작업의 일환으로 10월 28일부터 11월 2일까지 6일간 종로에서 관민공동회를 개최하여, 개혁파 정부와 독립협회 등 애국적 시민과 새로 개설될 '의회'가 단결하여, 자주적 개혁정책을 실현할 결의를 다짐하였다.

그러나 이 개혁파 정부는 의회설립 하루 전인 11월 4일 밤에 붕괴되었다. 친러수구파들이 의회가 설립되어 개혁파 정부와 연합하면, 자신들은 영원히 정권에서 배제될 것이라고 판단하고, 독립협회 등이 의회를 설립하여 전제군주제를 입헌군주제로 개혁하려는 것이 아니라, 박정양을 대통령·윤치호를 부통령·이상재를 내부대신 등으로 한 공화정으로 국체를 바꾸려는 것이라는 내용의 익명서(비밀 삐라)를 뿌려 모략전술을 썼기 때문이다.

황제가 폐위된다는 모략보고에 놀란 고종은 11월 4일 밤부터 11월 5일 새벽에 독립협회 간부들을 체포하고, 다시 조명식을 내각수반으로 한 친러수구파 정권을 조직하였다.[10]

1519년(조선 중종 14년) 대사헌이 된 조광조가 사림세력을 중심으로 하여, 일부 공신들이 지나치게 차지한 토지를 회수하여 국

---

10 신용하, 「만민공동회」, 『한국민족문화대백과사전(7)』, 620~621쪽.

가재정을 튼튼히 하고, 각종 적폐를 척결하면서 개혁을 시도하자 훈구파들이 움직였다. 이들은 궁중의 나뭇잎에 꿀로 '주초위왕(走肖爲王)' 즉 "조씨가 왕이 된다"라는 글자를 쓴 다음 벌레가 파먹은 나뭇잎을 왕에게 바쳐 중종으로 하여금 조광조를 위시로 사람파를 제거했던 수법과 유사한 모략이었다.

나뭇잎 대신에 날조한 삐라를 살포하는 선진성에서 달랐다면 달랐다고 하겠다. 조선왕조는 이때의 개혁기회를 놓치고 얼마 후 임진왜란을 겪었고, 대한제국은 7년 후 을사늑변과 12년 후 국치로 이어졌다. "개혁의 기회를 놓치면 역사는 보복한다"는 말은 시공을 초월한다.

12월 24일 친러수구파 정권이 '관변단체'인 황국협회와 보부상들을 끌어들여 만민공동회장에 난입시켜 회원들을 폭행하고, 고종이 군대를 동원하여 보부상과 합동작전으로 독립협회와 만민공동회 간부들을 폭행·검거하게 하였다.

고종은 12월 25일 11가지 죄목을 들어 이들 두 단체를 불법화시키고 해체령을 포고하였다. 430여 명의 간부들이 체포되어 혹독한 고문을 당하였다. 서재필이 주도한 독립협회와 만민공동회는 짧은 기간의 활동과 비참한 종말을 맞았지만, 이후 의병운동, 독립운동, 민주공화제 수립운동으로 이어지는 역사의 정맥으로 자리잡았다. 그러나 당장 서재필과 개화파 인사들은 위기로 내몰렸다.

수구파들은 독립협회의 전제정치를 지양하고, 민주정치를 세우자는 독립당을 잡으라고 남대문에 방(榜)까지 써 붙였다. 그리하여 이상재, 남궁억, 정난교 이하 17명은 경무청에 잡혀가고 윤치호, 정교, 이근호, 최정덕, 윤학주 씨 등은 선교사 아펜젤러 댁에 숨어서 피난하였다. 선생과 이승만, 이동녕, 이갑, 양기탁, 신흥우, 유일선 동지들은 분개하여 가두연설로 군중을 격동시켜 수만의 군중은 평리원(平理院, 지금의 고등법원과 같음) 앞으로 몰려 가서 독립당원들을 내어놓으라고 한 큰 시위운동을 하였다. 이것이 '만민공동회'의 시초였다. 이 때문에 특별 은사령이 내리어 그들은 놓이게 되었다.

그러나 선생은 이승만, 이동녕, 양기탁, 신흥우 동지들과 합력하여 간신의 무리를 공박함을 그치지 아니하였으므로 이것이 서재필 박사가 내어 쫓기게 된 까닭이었다. 수구파는 다시 선생과 이승만, 이동녕, 신흥우, 양기탁 여러 신진들을 잡아 경무청에 가두었다. 그러하나 잡히기 전에 미리 약속한 남은 동지들은 이구동성으로 잡힌 이들은 주모자가 아니니 책임이 없다고 하여 수십 일만에 옥에서 나오게 되었다.

옥에서 나온 선생은 감옥에 있는 동지들을 구하여 내려고 만민공동회를 강화하였으나 내어 놓지 않으므로 이승만 동지에게 권총을 옥중에 던져 드리고 탈옥하기를 종용하였다. 그리하던 참에 또 황제의 특사령이 내리어 옥중 동지들이 놓이게 되었다.[11]

여기서 말하는 '선생'은 주시경을 일컫는다. 먼저 풀려난 주시경은 구속된 이승만에게 권총을 구입하여 차입하면서 탈옥하기를 종용하였다고 한다.

6장

격동기의 사회활동

'암글신문'
제국신문에서 근무

◇

서재필이 쫓기다시피 미국으로 떠나면서 〈독립신문〉은 윤치호
와 주시경이 맡아 운영하였다. 고종이 적대시하고, 열강의 이권
탈취를 매섭게 비판해온 까닭에 러시아·청국·일본 등 외세가
사갈시하는 〈독립신문〉은 운영이 쉽지 않았다.

여기에 관변단체로 세력을 키워온 황국협회와 보부상 무리에
의해 〈독립신문〉과 만민공동회 간부들에 대한 테러와 협박이 잦
아졌다. 주시경에게는 영육이 함께 혹독한 시련기였다.

그 뒤 〈독립신문〉을 윤치호와 주시경이 맡아 운영하였는데, 정
부에서 그들을 잡으려고 병정을 보내었으므로 영국 공사관에 둘
이 숨어 피하였고, 10일 뒤에 공사와 협의하여 정치적으로 무마
시켜 신문을 다시 계속하였다. 그 뒤 또 정부를 공격하여 직언으

로 잡으려 하므로 주시경은 봉산 자형(이종호) 댁에 도피하여 석 달 동안 농촌 생활을 하다가 유일선·남형우로부터 무사히 되었 다는 소식을 듣고 서울로 돌아오기도 하였다.[1]

주시경은 〈독립신문〉과 독립협회에 남다른 애정과 열정을 보 였다. 아직 20대 초반의 배재학당 학생 신분이었음에도 두 기관 에서 개화파 지도자들과 어깨를 나란히 하며 일하였다. 그래서 이들 기관이 해체되고, 서재필이 떠난 후 누구보다 아픔과 분노 를 느끼지 않을 수 없었다.

주시경과 서재필의 만남은 결코 우연이 아니었다고 볼 수 있 다. 주시경은 서재필이 귀국하기 훨씬 이전에 이미 국문법을 연 구하고 있던 당시 거의 유일한 국문 전용론자였다. 서재필이 새 로 창간하는 신문을 일반 국민과 부녀자층도 읽을 수 있도록 국 문전용으로 발행할 의도를 갖고 있는 한 함께 일할 적격자로 발 탁될 인물은 주시경이 되도록 되어 있었다.[2]

서재필의 문서에는 "서재필이 〈독립신문〉의 주필이고 주시경

---

1 김윤경, 『인물 한국사』, 340쪽.
2 신용하, 「주시경의 사상체계」, 『주시경 학보』, 제8집, 231쪽, 탑 출판사, 1993.

은 '국문판 주필'이라고 기록하였다. 주시경이 서재필 다음으로 〈독립신문〉의 제2인자였으며, 특히 〈독립신문〉 국문판 제작은 「논설」을 제외하고는 주시경의 담당이었음을 알 수 있다."[3]

주시경은 〈독립신문〉 재직 중에 국문동식회(國文同式會)를 창설하고, 본격적으로 국문을 연구하였다. 신문발행과 더불어 설치한 국문연구는 그의 필생의 과제가 되었다. 이 기구는 정부가 1907년 학부 안에 마련한 '국문연구소'의 탯줄 역할을 하였다.

신문사와 독립협회가 강제로 해체된 뒤에도 주시경은 좌절하거나 활동을 멈추지 않았다. 나라의 운명이 점차 위태로워지면서 그는 더욱 분발하는 모습을 보였다. 23살이던 1898년 9월에 신문사를 떠난 후 이듬해 10월부터 3개월 동안 서울 남대문 근처에 사옥을 둔 〈제국신문〉 기자로 들어갔다. 1898년 8월 10일 일간지로 창간된 이 신문의 원명은 〈뎨국신문(帝國新聞)〉으로, 뒷날 민족대표 33인 중의 일원인 이종일이 창간하였다.

〈뎨국신문〉은 1903년 7월 7일 제호를 〈제국신문〉으로 변경했다. 이때부터 관보는 한자로 보도했다. 〈제국신문〉은 중류 이하의 일반 대중과 부녀자를 주된 대상으로 삼아 읽기 쉽고 재미있

---

3 앞의 책, 232쪽.

는 신문으로 만들기 위해 노력했다. 이런 이유로 당시 사람들은 〈황성신문〉을 수신문이라 부르고, 〈제국신문〉을 암신문이라 하였다. 이 신문은 1907년에 지면을 대판으로 확장하면서 이인직 (李人稙)의 소설 『혈(血)의 누(淚)』 하편 1장을 연재하기도 하였다. 이 신문은 초기부터 줄곧 재정난으로 시달리다가 1910년 8월 2일 그 어려움을 이기지 못하고 스스로 문을 닫았다.[4]

〈황성신문〉을 수신문이라 부르고, 〈제국신문〉을 암신문이라 부를 만큼 한글을 사용했던 이 신문이 당대의 한글전용론자인 주시경을 놓칠 리 없었을 것이다. 발행인 이종일이 쓴 것으로 알려진 창간사 격인 논설 '고백'의 후반부를 소개한다.

그동안에 극중에 신문이 여럿이 생겨 혹 날마다 발간도 하며 혹 간일하여 내기도 하며 혹 일주일 동안에 한두 번씩 내기도 하는데 그 중에 영어신문이 하나요 일어로 섞어 내는 것도 있으되 그 중에 국문으로 내는 것이 제일 긴요한 줄로 믿는 고로, 우리도 또한 순국문으로 박을 터인데 론설과 관보와 잡보와 외국통신과 전보와 광고 등 여러 가지를 내어 학문상에 유조할 만한 말이며 시국에 진적한 소문을 들어 등재하려는 바 본사 주의인 즉, 신

---

4 김민환, 『한국언론사』, 125쪽, 사회비평사, 1996.

문을 아모조록 널리 전파하여 국가 개명에 만분지 일이라도 도움이 될까 하여 특별히 값을 간략히 마련하고 날마다 진실히 전하여 보시는 이들에게 극히 편리토록 주의하오니 사방 첨군자는 많이 사다들 보시기를 깊이 바라오.[5]

주시경이 〈제국신문〉에 3개월간 근무하면서 무슨 글을 썼는지는 확인되지 않는다. 당시의 '기자'는 논설과 취재를 겸하고 있어서, 그는 이 신문에 많은 논설을 썼을 것이다. 그런데 짧은 기간에 왜 그만두었는지는 미제로 남는다.

주시경은 한말 격변기에 대표적인 한글전용의 두 신문사에서 일한 개명한 구국 언론인이었다. 이 부분은 주시경 연구나 한국 개화기 언론사 연구에서 소홀히 취급되고 있다.

---

5 김용호, 『옥파 이종일 연구』, 87쪽, 교학사, 1984.

국민계몽운동에
헌신하고

◇

주시경은 25살의 청년으로 1900년 새해를 맞았다. 이 연대는 소
수의 매국노와 친일파·기회주의자를 제외하면, 의식 있는 한국
인들에게는 고난과 수모와 시련의 시대였다. 1905년의 을사늑약
과 1910년의 국치가 그 결정적인 단초가 되었다.

　1900년 11월 일본의 '경인철도 합자회사'가 주도한 경인철도
가 개설되고, 1901년 2월 일본의 주도로 신식화폐 조례가 공포
되고, 1902년 1월 청국에서 영국의 이익과 한국에서 일본의 이
익을 서로 옹호하기로 약조한 영일동맹이 체결되고, 3월 서울 —
인천 간 장거리 전화가 개통되었다.

　'식민지근대화론자들'은 이를 두고 '한국근대화의 시발'이라
왜곡하지만, 일본이 대한제국을 병탄하고자 강화도 조약의 체결
지에 먼저 철도와 전화를 개설하고, 저들의 경제침탈이 쉽도록

신식화폐를 만들게 하였다.

주시경은 1900년 1월 서울 정동에 소재한 영국인의 한국어 교사로 초빙되어, 5년 동안 영사관 직원과 그 가족들에게 한국어를 가르쳤다. 2월부터는 상동사립학숙에 국어문법과를 개설하여 1년여 동안 학생들에게 우리글의 문법을 교수하였다.

1904년 3월부터 이듬해 1월까지 정동 간호원양성학교의 교사 겸 사무원 직을 맡고, 1905년 2월 상동 사립청년학원 교사로 취임하여, 같은 해 9월 이 학원 학감의 책임을 맡았다가 1907년 6월에 사임하였다.

주시경이 여러 기관에서 청년들의 각성과 계몽을 위해 노력하면서 우리글을 가르치고 있던 시기의 운명은 날이 갈수록 일제의 수중으로 빠져들고 있었다. 1904년 1월 고종은 러일전쟁의 기미가 보이자 국외중립을 선언하였다. 하지만 실효성이 없는 제스츄어에 불과했다. 일본과 러시아는 고종의 '국외중립'에는 안중에도 없고, 배고픈 늑대가 되어 조선이란 먹잇감을 노렸다.

일본 함대가 1904년 2월 8일 뤼순항에 있던 러시아 함대를 기습공격하면서 시작한 러일전쟁은, 그 다음날인 9일 일본군이 서울에 진주하고, 23일 한일의정서를 강제체결한 데 이어, 4월 3일 서울 용산에 일본군 주차사령부를 설치하면서 사실상 점령군 역할을 하게 되었다.

1905년 11월의 을사늑약이 외교권을 박탈한 것이라면, 일본군의 한국 내 전략 요충지 수용과 군사 상의 편의 제공을 약조한 한일의정서는 일본군의 주둔뿐만 아니라 정부의 각 부에 고문을 두도록 강요되었다. 엄격한 의미에서 고종의 왕권(황제권)은 이로써 큰 제약을 받게 되고, 이른바 대한제국 내정 전반에 일본이 간섭하는 고문정치가 시작되었다. 그리고 1905년 11월 외교권을 박탈하는 을사늑약이 체결되면서 사실상 국권을 빼앗겼다.

교육자로서 그는 1904년 3월 29세에 간호원 양성학교 교사 겸 사무를 시발로 하여, 청년학원·공옥(功玉)학교·서우학교·숙명여자고등보통학교(명신여학교) 등의 교사로, 이화학당·흥화학교·기호학교·융희학교·중앙학교·휘문의숙·보성중학교·사범강습소·배재학당 등의 강사를 각각 역임했다. 교수과목은 국어뿐만 아니라 역사·지리·수리 등에 걸쳐져 있었다.[6]

주시경은 20대 중후반기에 민족적인 위기를 겪으면서 여러 교육 기관에서 몸을 아끼지 않고 우리말과 우리글 그리고 역사를 가르쳤다. 직접 의병에 나서거나 항일투쟁의 지하 비밀단체를 조직하는 등의 활동은 아니었지만, 청년 계몽을 통해 장기전에 대비하는 초석을 놓는 데 누구 못지않은 역할을 하였다.

---

6 김민수, 『주시경 연구』, 41쪽, 탑 출판사, 1977.

《가정잡지》와
'서우학회' 참여

◇

주시경은 1905년 29살이 되는 해에 을사늑변을 당하였다. 개화파 지식인으로서 분노와 충격이 이만저만이 아니었다. 장지연은 〈황성신문〉에 '시일야방성대곡'을 발표하고, 시종무관장 민영환은 을사늑약의 폐기를 상소했으나, 대세를 돌이킬 수 없음을 깨닫고 자결하였다. 일본에 망명 중이던 동학의 3대 교주 손병희는 동학을 천도교로 개칭하면서 칼날을 갈고 돌아왔다.

1906년 2월 남산에 조선통감부가 설치되고, 이토 히로부미가 초대 통감으로 부임하여 군주 노릇을 하였다. 여기저기에서 자강운동이 전개되고, 각지에서 항일의병이 봉기하고, 최익현·임병찬을 비롯한 의병 지도부가 순창에서 피체되어 일본 쓰시마 섬으로 유배되었다.

이 같은 국난기에 주시경은 우리말·우리글 지키기와 보급에 열과 성을 다하였다.

1905년 소위 「을사5조약」에 의하여 일제에게 국권을 빼앗기고 국망을 눈앞에 둔 절박한 시기에 이르자, 주시경은 그의 이러한 사상체계에 입각하여 더욱 헌신적으로 애국계몽운동을 전개하였다. 주시경은 이 위험한 시기에 만일 국어국문을 재발견하여 과학적으로 체계화하고 국민들 사이에 널리 보급시켜 놓지 못한 채 타성에 젖어 한문사용의 폐습에 지배되다가 다시 일본어·일본문자에 예속되어 국문과 국어를 잃어버리는 날에는 국권회복과 독립달성은 어렵게 된다고 보았다.

반면에 그는 만일 이 절박하고 위험한 시기에도 분발하여, 나라사랑과 함께 자기 나라의 언어와 문자를 사랑할 것을 청소년 학생들에게 계몽하고, 국어국문을 교육하게 국민들에게 교육시켜 놓으면, 신진 청년들에 의하여 반드시 국권회복과 독립달성의 날이 올 것이라고 확신하였다.[7]

주시경은 이 같은 신념을 갖고 여러 분야에서 활동하였다. 그 중의 하나는 전덕기 목사가 주도하고 신채호 등이 참여하여 1906년 창간한 《가뎡잡지》 교보원으로서의 역할이다. 이 잡지는

---

7   신용하, 「주시경의 사상체계」, 『주시경 학보』, 제8집, 234쪽.

얼마 뒤에 《가정잡지》로 제호를 바꾸었다.

《가정잡지》는 1906년 6월 20일 내부 인가가 났다. 당시 사장은 유성준, 총무 겸 편집은 류일선, 교보원은 주시경·김병현, 회계는 유진태·전덕기 등이 맡아 6월 25일 제1호를 발간하였다. 그런데 1907년 1월까지 7호를 간행하고 나서 재정난으로 휴간되었다.

그 뒤 1908년 1월 속간되었는데, 이때부터 사장은 류일선, 편집 겸 발행인은 신채호, 교보원은 주시경, 총무는 김상만, 회계는 유명혁이 각각 맡았다.

제2년(1908) 제1호부터 신채호가 편집과 발행을 맡는 새로운 체제가 된 것이다. 이 잡지는 현재 제2년 제1호(1908. 1. 5.), 제3호 (1908. 3.?), 제7호(1908. 8. 25.) 등이 남아있으며, 제2년 제2호, 제4호, 제5호, 제6호 등은 그 존재가 확인되지 않고 있다.[8]

주시경은 여기서도 '교보원'이란 직함을 갖고, 국문기사와 논설을 쓰고 편집과 한글 강해의 책임을 맡았다. 그가 《가정잡지》에 쓴 글은 제1년 제1호에 '국문', '력사', '지리문답', '평론', '위선', '논설' 등을 연재하고, 일부는 제6호에까지 계속되었다.

---

8   김주현, 『계몽과 혁명』, 89쪽, 소명출판, 2015.

주시경은 또 애국계몽단체인 서우학회(西友學會)에 협찬원(協撰員)으로 참여하고, 기관지《서우(西友)》의 편집을 맡아 많은 글을 썼다. 1906년 10월 서울에서 평안도·황해도 출신의 지식인들을 중심으로, 대한자강회·기독교청년회·국민교육회·언론인 등을 중심으로 조직된 서우학회는 독립협회·만민공동회·개혁당운동·헌정연구회 간부들이 두루 가담하였다.

이들은 을사조약에 의한 사태의 근본적인 변동에 대처하여 종래의 개화운동을 국권회복운동으로 전환시켰다. 박은식·김병희·신석하·장응량·김윤옥·김병일·김달하·김석환·김붕준·곽윤기·김기주·김유탁 등이 발기하였으며, 정운복·강화석·유동작·최재학·안병찬·이갑·유동열·노백린·이유정·옥동규·정재화·박경선·이달원 등이 중심이 되었다.

이 학회는 정치활동을 표면에 내세우지 않고 학회라는 명칭으로 교육 진흥만을 표방하였으나, 그 실제적 목표는 '민력양성'을 통한 국권회복과 인권의 신장이었다. 즉 서우학회는 국권회복과 국민주권의 자유독립국가를 수립하는 데 그 목표가 있었다.[9]

서우학회는 애국정신과 교육구국론·실업구국론·사회관습개

---

9 『한국민족문화대백과사전(11)』, 796쪽, 한국정신문화연구원, 1991.

9

제6장 격동기의 사회활동

혁론 등을 내세우며 회원이 1천여 명에 달하고, 관서지방의 중심적 역할을 하다가 이후 서북학회·신민회로 계승되어 1908년 한북흥학회와 통합하여 서북학회로 이어졌다. 주시경은 이 과정을 함께 하였다.

주시경은 1905년 을사늑약이 강제되기 전 그나마 고종이 왕권을 지키고 있을 때를 택해 정부에 국어연구와 사전편찬을 위한 건의서를 올렸다. 나라가 외적에 침범되더라도 나랏말과 국어만 지키면 언젠가는 국권을 회복하게 된다는 생각에서였다.

주시경의 건의서는 세종 때의 국어연구기관인 언문청(諺文廳)과 같은 관청을 설치하여 우리의 국어국문을 부흥시키자는 내용이었다. 정부에서 응답이 없자, 1906년 6월 학생 교재용으로 『대한국어 문법』을 직접 간행하였다. 이 책은 한글의 바른 인식을 위한 글자꼴과 맞춤법의 본보기 규정 및 음운 이치를 논술한 것으로 상동청년회관에서 교재로 사용하였다.

전덕기 목사와
구국운동 전개

◇

일제의 마수가 침략을 노골화한 1905년 을사늑변을 전후하여 한국에서 민족운동의 중추적 역할을 한 인물 중에는 전덕기(全德 基, 1875~1914) 목사를 빼놓을 수 없다. 그는 당대의 대표적인 민족운동 지도자였다. 주시경은 그가 세운 상동청년학원에서 교사를 지내고, 한글을 각별히 사랑했던 그와 더불어 민족운동과 한글운동을 전개하였다.

서울에서 태어나 일찍 고아가 되어 어렵게 성장한 전덕기는 선교사 스크랜턴에게 세례를 받고(1895년), 스크랜턴 대부인이 서울 상동에 공옥여학교를 설립한 데 이어 상동교회에 엡윗 청년회를 조직하자 이에 참여하였다. 전덕기는 이후 상동교회에 상동청년학원을 설립하고(1904년), 성경과 종교과목을 직접 가르쳤으며 목사 안수를 받았다(1905년).

전덕기는 1906년 6월 상동청년학원에서 《가정잡지》 발행을 주도하고, 공옥여학교를 설립하여 여자 아이들에게 근대적 교육을 실시하였다. 여기서 주시경이 기자·강사·교사로 참여한 것이다.

상동교회 공옥여학교, 청년학원에 주시경이 강사가 된 것은, 우선 같은 교회 성도라는 점과 을사조약으로 주권상실을 당한 그 비극의 시대에 우리 말·글·얼 사랑의 국어운동 및 교육으로의 구국운동, 독립운동을 전개할 때 국어에 대한 이해심이 깊고 교양적인 인격으로 도와줄 사람들은 기독교 교인들이 많았기 때문이었다.

이때만 해도 글삶, 말삶에 대한 사회 인식은 우리말이나 글을 업신여기고, 한문을 진서로 하는 최만리형 사대의식이 강할 때였다. 한글은 언문으로 너무 배우기 쉽고 익히기 쉽기 때문에 여자들이나 배워야 하는 여자글, 암글로 내팽개치던 한글 무시, 한자 중시사상이 더욱 망국의 길을 재촉하고 있을 그런 때였다.

이런 국가의 위기가 닥쳐 올 때 전덕기의 기도와 후원을 받은 주시경은 우리 국어 사랑, 국어 정신이 나라를 지키고 겨레를 살리는 길로 깊이 깨달은 것이다.[10]

주시경과 전덕기는 어렸을 적부터 이웃에서 함께 자랐고, 독립협회에서 같은 회원이었다. 두 사람은 연배와 역사의식·시국 관이 비슷하여 쉽게 뜻을 함께할 수 있었다.

청년학원의 교사 주시경은 일찍이 전덕기 목사의 인격과 신앙적 감화를 본받아 온 가족이 상동감리교회에 출석하였다. 주시경 선생이 전 목사보다 한 살 아래였기 때문에 한 형제같이 친하게 지냈다. 전 목사의 사랑을 남달리 받은 주시경 선생은 마음껏 활동할 수 있었다. 상동교회 역시 주시경 선생이 마음껏 활동할 수 있었기에 장안의 이름난 교회로 발전할 수 있는 한 요인이 되었다고 할 수 있다.

물론 한 교회의 성장 발전은 그 교회의 목회자와 그 중심의 중견 신도들의 공동체 의식에서 하나가 된 결과로서 곧 "성령의 도우심을 받게 될 때에 발전한다"라고 하지만, 상동감리교회에 성령의 도우심이 임하게 된 것의 하나는 목회자와 교인들 사이의 단합된 사회봉사에서이다.[11]

이때 청년학원에 모여든 주요 애국청년들은 다음과 같다.

---

10 오동춘,「전덕기 목사의 국어정신과 나라사랑」,『나라사랑』, 제97집, 317쪽, 외솔회, 1998.

11 이응호,「상동청년학원과 한글운동」,『나라사랑』, 제97집, 234쪽, 외솔회, 1998.

김 구·이동휘·이동녕·이 준·노백린·안태국·남궁억·신채호·최광옥·차병수·이승훈·이상설·최남선·이상재·최재학·김진호·양기탁·주시경·이용태·윤치호·이회영·유일선·이필주·이승만[12]

청년학원은 민족운동과 독립운동에 헌신할 인재를 양성하기 위해 다음과 같은 계획을 세웠다.

① 한글의 이치와 그 보급
② 국사 강의
③ 타 문화 강의
④ 건강론(체육)
⑤ 신문화의 수용과 전파
⑥ 지도자의 자기 수양
⑦ 종교 훈련

그리고 담당 교사는 다음과 같이 배정하였다.

①의 '한글의 이치와 그 보급'은 주시경 선생

---

12 앞의 책, 231~232쪽.

②의 '국사 강의'는 장도빈 선생과 최남선 선생

③ '타 문화 강의'는 남궁억 선생과 조성환 선생

④ '건강론'은 이필주 선생

⑤ '신문화의 수용과 전파'는 김동원 선생과 이예춘 선생, 그리
   고 이보라 선생

⑥ '지도자의 자기 수양'과 ⑦ '종교 훈련'은 전덕기 목사[13]

---

13 앞의 책, 230~231쪽.

'주보따리' 소리 들으며
한글운동

◇

주시경이 국치를 눈앞에 두고 다양한 사회활동과 민족운동을 할 수 있었던 것은 전덕기와 같은 선각적인 동지가 있었기에 가능하였다. 전덕기 또한 주시경과 같은 투철한 민족의식과 국어를 사랑하는 동지가 곁에 있어서 여러 가지 사업을 벌일 수 있었을 것이다.

전덕기 목사는 대단히 그릇이 큰 인물이었다. 한말~국난 초기의 대표적 민족운동과 독립운동에 헌신한 인물들이 그와 교유하거나 함께했던 분들이다.

전덕기 목사의 주변에는 사람들이 수없이 많았다. 그는 목사였던 만큼 남녀 교우들을 비롯하여 남대문 시장의 장사꾼들, 애국지사들, 정객들, 과객들, 교육자들, 학자들이 수없이 많았다. 이

분들을 분야별로 분류하기보다는 인맥과 인물별로 분류해서 생각해 보기로 한다.

그래서 가장 밀접한 관계에 있었던 여섯 분의 큰 인물들을 먼저 골라 보았다. 즉 이상설(1870~1917), 이동녕(1869~1940), 이회영(1869~1932), 이필주(1869~1932), 이상재(1850~1927), 주시경(1876~1914) 등이다. 이 여섯 분을 중심으로 해서 전덕기 목사의 주변 사람들을 확대·분석해 본다.[14]

여기서는 여섯 분을 다 소개할 겨를이 없고 주시경의 경우만을 발췌한다.

주시경은 전덕기 목사보다 1년 연하이다. 전덕기 목사보다 연하의 인물은 주시경밖에는 없다. 주시경의 본 이름은 상호였다. 황해도 봉산군 무릉골 태생이다. 13세 때, 즉 1888년에 서울에서 해산 물산 객주업을 하고 있던 큰아버지의 양자가 되어 상동으로 이사해 왔다. 주시경은 이때 처음으로 전덕기를 만났는데, 그때 주시경은 12세, 전덕기는 13세로서 하나는 숯장사 아들, 하나는 객주집 주인의 아들, 그들의 그때 이름은 주상호와 전봉운이었다.

---

14 전택부, 「전덕기 목사와 그 주변 사람들」, 『나라사랑』, 제97집, 261쪽, 1998.

그러나 봉운이는 상동교회 사환 노릇을 계속했고, 상호는 배재학당에 입학하여 신학문을 배웠다. 그 뒤 상호는 『대한 국어문법』을 펴낼 정도로 국어학의 대가로 성장했고, 상동교회를 본거지로 하여 청년들에게 우리말과 글을 체계적으로 가르치기 시작했다.

더 나아가 주시경은 종로청년회 학관, 이화·휘문·배제 등 각 학교를 두루 다니면서 한글 강의를 했다. 그때 그는 언제나 교재들을 보자기에 싸들고 왕래했기 때문에 '주보따리'라는 별명을 얻기까지 했다.[15]

주시경이 전덕기와 믿음을 갖는 동지가 될 수 있었던 것은 1900년 6월 배재학당 졸업예배 식전에서 아펜젤러 목사로부터 세례를 받은 기독교인이었다는 것도 크게 작용하였던 것 같다. 그는 이후 교회에 성실히 출석하는 신앙인이었다.

주시경은 또한 강직하고 치열한 성품이면서도 대단히 정이 많고 온유한 성격이었다. 그리고 연구하는 사색인이면서 실천하는 행동인이었다.

주시경 선생이 전덕기와 정이 깊음은 물론 상동교회 온 교인

---

15 앞의 책, 271쪽.

들과도 믿음의 형제로 친하게 지냈기 때문에 상동교회는 주시경이 활동하는 생활의 한 부분이 된 것이다. 주시경은 상동교회에서 신앙생활하던 시기가 국어 운동의 황금 시기였고, 국어 운동을 널리 펴서 국어학을 대중에게 깊이 심던 시기였다.

그는 한글의 과학화, 우리말 순화에 횃불이 되어 그의 짧은 생애(39세)에도 불구하고, 한국 언어문화 발전에 큰 공적을 이룬 선구자가 된 분이다. 최현배·김윤경·장지영·이병기 등의 출중한 국어사랑, 나라사랑의 제자를 배출시켰고, 1908년 오늘의 한글학회 전신인 국어연구학회를 조직했다.[16]

---

16 오동춘, 앞의 책, 316쪽.

제6장 격동기의 사회활동

7장

국난기의 민족운동

나라사랑 정신으로
민족운동

◇

주시경은 한말·국난기에 나라사랑 정신이 각별하였다. 한말 진보적 지식인들은 개화사상을 바탕으로 해서 전개된 개화적 민족주의로 〈독립신문〉과 독립협회, 만민공동회를 통한 자주독립의 수호라는 목표를 달성하지 못하고 말았지만, 이후 애국계몽운동과 신교육운동을 통해 근대적 자주독립국가를 이루고자 하였다. 주시경은 늘 그 전선의 앞장에 섰다.

면암 최익현이 1906년 6월 전라도 태인에서 의병을 일으켜 일제와 싸우다가, 쓰시마에 유배되어 단식 끝에 절명하였다. "내 늙은 몸으로 어이 원수의 밥을 먹고 더 살겠느냐. 너희나 살아 돌아가 나라를 구하라"는 유언을 남긴 최익현의 영구가 부산에 도착했을 때 애도하는 인파가 수 만 명에 이르렀다.

주시경은 보고만 있지 않았다. 동지 70여 명과 함께 종로 탑골

승방에서 추도식을 열고, 면암의 정신계승을 다짐하는 한편 기념사업으로 기금을 모아 일본인을 비롯 외국인이 공사를 진행하고 있는 철도 부설권의 회수를 위해 노력하였다.

이토 히로부미가 영친왕(고종의 셋째 아들로 대한제국의 마지막 황태자)이 겨우 11살인데도 유학시킨다는 명목으로 일본으로 끌고 갔다. 사실상 볼모로 잡아가는 것이었다. 이때 수행원이란 이름으로 따라가게 된 사람도 많았다.

주시경의 동생 시강도 수행원이 되고자 지원하였다. 출세길이 열리는 기회였다. 주시경은 단호하게 반대하였다. "이는 침략의 수단이니 불의의 길에 편승하여 영달하더라도 배달의 피를 받은 국민으로서는 택할 길이 못된다"고 이를 막았다.

또 법관양성소라 하는 기관이 있어서 선생은 그 아우 시강과 민병위 두 사람을 응시하게 하였다. 그러나 실력으로 뽑는 것이 아니라 정실관계나 이해타산으로 좌우됨을 알고, 시강은 형님 되는 선생더러 시험장에 얼굴만이라도 한 번 내어 놓아 주면 무난하겠다고 하였다. 선생은 너희도 그러한 부정직한 사상을 가지느냐고 책망하였다. 과연 부정처리로 발표됨을 안 선생은 항의도 하고 탄식도 하였다.[1]

---

1   김윤경, 앞의 책, 223쪽.

주시경은 성품이 강직하고 올곧아서 불의와는 타협할 줄 모르고, 부나 직위 따위에 연연하지도 않았다. 그러다 보니 생계가 어려웠다. 하는 일은 많았으나 수입이 별로 없는 일이었다. 1901년 12월에 장남 삼산(三山)이 태어나고, 2년 뒤 11월에 차남 백산(白山)이 출생하여 식구가 넷이 되었다.

그 생애는 아주 가난하고 고달픈 편이었으니, 조상에게서 물려받은 재산은 거의 없고, 거느린 식솔은 적지 않았는데, 하는 일이라는 것이 또한 보수가 넉넉한 것이 아니므로 한 집안 살림을 꾸려가는 것이 괴롭고 고통스러운 것이었으나, 한 가정을 이루어 따로 살림을 낸 뒤로는 집안일이든 집 바깥일이든 보살펴 주는 사람이 거의 없는 살림을 혼자서 꾸려가면서도 국어 연구의 노력을 일찍이 중도에서 그만두어 본 일이 한 번도 없었다.[2]

생활의 어려움 속에서도 국어연구에 매진할 수 있었던 것은 오직 나라 사랑의 정신이 투철했기 때문이었다.
이 사이의 마음 고생과 애씀이 얼마나 지극하였을 것인가는 그 직접 당사자 외의 다른 사람은 도저히 상상할 수 없는 것이었다. 한 마디로 선생은 국어연구 앞에는 아무것도 없었다고 할 수

2 임홍빈, 「청춘본 '주시경 선생 역사' 역주」, 『주시경 학보』, 제1집, 252쪽.

있으니, 자기 몸이나 자기 가정을 생각하는 마음도 없었으며, 명예와 이익을 생각하는 마음도 없었으며, 피곤함을 피곤함으로 느끼지도 않았으며, 어려움을 어려움으로 느끼지도 않았고, 불가능을 불가능으로 보지도 않았으며, 오로지 이를 위하여 받는 지극한 고통과 수고로움을 가장 큰 쾌락으로 알았다고 하는 편이 나을 것이다.[3]

---

3   앞의 책, 252~253쪽.

『안남 망국사』 번역

주시경은 국가적 위기를 맞아 국어국문 연구와 보급에 심혈을
기울이는 한편 좀 색다른 일을 하나 진행하였다. 1907년 11월
『안남 망국사(安南 亡國史)』를 한글로 번역하여 서울의 박문서관
에서 펴냈다. 중국 근대사상의 샛별로 불리는 량치차오(梁啓超)는
한말 한국사회 지식층의 우상과 같은 존재였다.

　개화·수구파를 막론하고 그의 저서 특히 『음빙실자유서(飮冰
室自由書)』는 조선 지식인의 필독서처럼 인식되었다. 당시 안남(베
트남의 한자식 국호)은 프랑스의 식민지로 참혹한 상황에 처해 있었
다. 주시경이 이 책을 번역하여 펴낸 것은 안남의 처지를 교훈삼
아 조국의 독립을 지키려는 의도였다.

　주시경이 『안남 망국사』를 번안하기 전 1906년 8월 28일부터
9월 5일까지 신채호가 〈황성신문〉의 논설란에 이를 소개한 바

있다. 우리나라도 정신을 차리지 않으면 안남처럼 식민지국가로 전락할 것이니 안남을 반면교사로 삼아야 한다는 의도였을 것이다.

한 번은 중국의 큰 문호인 양계초가 우리나라를 방문하여 '광문회'를 방문한 일이 있어서 선생은 그와 사귀어 접촉하게 되었다. 이때에 선생은 그에게서 『안남 망국사(安南 亡國史)』 책을 얻어 보고 우리나라가 일본에 지배되어 감이 안남과 비슷함을 알고 신문이나 강연만으로 사대사상의 수구파나 친일파를 배격함에 만족하지 못하여 이를 순한글로 번역하여 박문서관 주인 노익형 씨로 하여금 발간하게 하였다.

그러나 일본은 이 책을 사 읽지 못하도록 금지하였다. 그러나 일반 민중은 비밀리에 돌려 가면서 읽었다.[4]

주시경이 번역한 『안남 망국사』는 통감부의 악랄한 탄압에도 불구하고, 3쇄까지 찍어내는 베스트셀러가 되었다.

---

4 김윤경, 앞의 책, 221쪽.

예수교에서
대종교로 개종하고

　주시경은 배재학당에 다니면서부터 기독교 신앙인이었다. 기록
상으로는 1905년 6월 16일 배재학당 보통과 5년 졸업 때에 세례
를 받고 예수교에 입교한 것으로 나타난다.[5] 이후 전덕기 목사를
비롯하여 사회활동·민족운동을 하는 과정에서 만난 사람 중에
기독교인이 많아서 그의 신앙생활은 변함이 없었다. 상동청년학
원은 상동교회에서 세운 부설교육기관이어서 교사나 학생 대부
분이 기독교 신자들이었다.

　주시경은 1909년 예수교에서 대종교(大倧敎)(당시에는 단군교)로
개종하였다.

5　「주시경 연보」, 『주시경 학보』, 제1집, 260쪽, 탑출판사, 1988.

"이는 우리 고유의 정신문화와 종교가 사대사상에 의한 외래 종교에 의해 정신적 침략을 받아 쓰러지려 함을 염려한 애국적 민족주의자의 결단성에 기인한 것이다. 뒤에 대종교의 최인 등 기타 종교인들과 함께 이러한 종교운동을 일으키다가 종교인들에게 물의를 일으키어 비난을 받기도 하였다."[6]

홍암 나철(羅喆 1863~1916)은 을사늑약이 체결되자 동지 오기호 등과 함께 을사오적 암살단을 조직하고, 이를 시도하다가 발각되어 유배되었다. 이후 풀려나와 민족을 부흥시키는 원동력은 민족의식의 고취에 있다고 확신하고, 1909년 1월 단군교를 창시하였다. 얼마 뒤 대종교로 이름을 바꾸었다.

대종교의 교도들은 독립협회와 애국계몽운동에 참여했던 지식인들이 중심이 되었다. 박은식이 『한국독립운동지혈사』에서 "대종교는 우리 삼신시조(三神始祖)를 신념하는 최고의 종교이다. … 그 신조는 그 족성(族姓)과 국성(國性)을 지키는 것이다"라고 했듯이, 민족성을 지키려는 신념으로 창시한 종교이다.

대종교가 수행해야 할 시대적 역할을 민족의 고유종교를 다시 일으켜 세움으로써 민족보전을 도모하는 데 있었다. 그런 만

---

6 『나라사랑』, 제4집, 23~24쪽.

큼 대종교는 그 교리 자체에 독특한 역사 인식체계를 담고 있었다. 이는 예전부터 전해 내려온 선교적(仙敎的) 국사 인식의 전통을 계승·발전시킨 것으로서, 일제 하 민족주의 사학의 형성과 발전에 적지 않은 영향을 미치고 있다.[7]

민족의 운명이 경각에 달려있는 시기에 주시경이 단군교(대종교) 운동을 외면할 리 없었다. 시기를 달리하여 이상룡·박은식·김교헌·신채호 등 민족주의 사학자이면서 독립운동가들이 속속 대종교에 입교하거나 관계를 맺었다.

선생은 종교가 예수교였는데 이때 탑골승방에서 돌아오다가 전덕기 목사를 보고 "무력침략과 종교적 정신침략은 어느 것이 더 무섭겠습니까?" 하고 물을 때는 전 목사는 "정신침략이 더 무섭지" 하자, 선생은 "그러면 선생이나 나는 벌써 정신침략을 당한 사람이니 그냥 있을 수 없지 않습니까?" 하였다.

전 목사는 "종교의 진리만 받아들일 것이지 정책은 받지 않으면 될 것이오." 하였지마는 선생은 과거 사대사상이 종교침략의

---

7 이도학,「대종교와 근대민족주의사학」,『국학연구』, 제1집, 60쪽, 한국전통문화연구회 국학연구소, 단기 4321년.

결과임을 말하고 종래의 국교인 대종교(곧 단군교)로 개종하였다.[8]

　주시경은 자신의 사회활동의 발판이기도 하는 예수교(기독교)를 떠나 민족종교인 대종교로 개종하였다. 이후 대종교의 교조 나철은 1916년 구월산 삼성사에서 일제의 학정을 규탄하는 유서를 남기고 자결하고, 제2대 교주 김교헌은 일제의 탄압으로 교단의 총본사를 만주로 옮겨, 1919년 3·1혁명 후 만주로 오는 동포들을 모아 항일 구국운동에 앞장서게 하였다.

　그 실례로 1920년 봉오동전투와 청산리전투에서 일본군을 크게 무찌른 북로군정서의 장병은 대부분이 대종교의 교인들이었다.

8　김윤경, 앞의 책, 「주시경 선생 전기」, 222쪽.

한글연구와 글쓰기에 전력투구

국문연구소의
칙임위원으로 위촉

◇

1905년의 을사늑변 이후 대한제국의 운명은 시한부 인생과 같은 처지에 놓였다. 통감부는 1906년 8월 이른바 학제개혁이란 구실로 사범학교령·고등학교령·외국어학교령·보통학교령을 잇따라 공포하면서, 보통학교의 교감과 중등학교의 학감을 일본인이 맡도록 규정하였다. 일제가 조선의 교육문제에 어떻게 주시해 왔는지에 대한 해답이다.

　병탄을 앞두고 통감부는 한국 청소년의 교육제도를 일본식으로 바꾸고, 교감과 학감에게 실권을 주면서 조선의 얼을 빼앗고자 서둘렀다. 이를 내다보면서 주시경은 여러 해 전부터 정부에 국문연구기관의 설치를 건의하였다. 주시경은 〈독립신문〉 안에 국문철자법의 통일을 목적으로 '국문동식회'를 마련한 이래 줄기차게 정부에 국문연구소의 설치를 건의해왔던 것이다.

위기가 닥치자 정부는 뒤늦게 1907년 7월 8일 '대한제국학부 국문연구소'를 설치하고, 주시경을 7월 12일자로 국문연구소 칙임위원(勅任委員)에 위촉하였다. '칙임'이란 대신의 주청으로 임금이 임명하는 고등관 1, 2등의 벼슬아치를 일컫는다.

국문연구소는 훈민정음 창제 당시의 정음청이 설치된 이후 한글을 연구하기 위한 최초의 국가기관으로 출범하게 되었다. 개설 당시 위원장에는 학무국장 윤치오, 위원으로 학부 편집국장 장한식, 한성법어학교 교장 이능화, 내부 서기관 권보상, 그리고 주시경과 현은, 학부 사무관이었던 일본인 우세무라였다. 이후에 이석·윤돈구·송기용·이종일·유필근·이민응·지석영 등이 위원으로 위촉되었다.

활동은 1907년 9월 16일에 제1회 회의를 개최한 이래 23회의 회의를 열었는데, 그 최종 회의는 1909년 12월 27일에 있었다. 그동안 위원장은 10회에 걸쳐 모두 14개항의 문제를 제출하였고, 이에 대한 토론과 의결을 거쳐 1909년 12월 28일자로 최종적인 보고서를 학부대신에게 제출하였다.

보고서는 〈국문연구의정안(國文研究議定案)〉과 마지막까지 남아 있었던 8위원의 연구안으로 꾸며졌는데, 정부는 이에 대하여 아무런 조처도 취하지 않았다. 이에 따라서 〈국문연구의정안〉은 세상에 공포되지 못하고 말았다. 그러나 〈국문연구의정안〉은 국문연구소 위원들의 협동적 노력의 결정체로서, 개화기에 있어서의 국문연구의 총결산이라고 할 수 있다.

한편 〈국문연구의정안〉은 앞서 토의에 붙였던 14개항의 문제를 10개항으로 요약하여 정리하였는데, 그 주요 내용은 ① 국문의 연원과 자체(字體) 및 발음의 연혁, ② 초성 중 ㅇ,ㆆ,△,◇,ㅁ, ㅸ,ㆄ,ㅃ 여덟 자의 부용(復用) 당부(當否), ③ 초성의 ㄲ, ㄸ, ㅃ, ㅆ, ㅉ, ㆅ 여섯 자 병서(並書)의 서법일정(書法一定), ④ 중성 중 'ㆍ'자 폐지와 'ㆎ'자 창제의 당부, ⑤ 종성의 ㄷ, ㅅ 두 자의 용법 및 ㅈ,ㅊ, ㅋ, ㅌ, ㅍ,ㅎ 여섯 자도 종성에 통용 당부, ⑥ 자모(字母)의 7음과 청탁(淸濁)의 구별 여하, ⑦ 사성표(四聲票)의 용부(用否) 및 국어음의 고저법, ⑧ 자모의 음독일정(音讀一定), ⑨ 자순(字順)과 행순(行順)의 일정, ⑩ 철자법 등이었다.

〈국문연구의정안〉의 내용은 전체적으로 매우 훌륭한 문자체계와 표기법의 통일안이라고 할 수 있다. 'ㆍ'자를 그대로 쓰기로 한 것을 제외하면 이 의정안은 오늘날 우리가 사용하고 있는 문자체계와 맞춤법의 원리를 그대로 보여주고 있다.[1]

주시경이 국어연구와 사전편찬사업을 위해 정부에 건의한 결과 국문연구소가 개설되고, 우수한 인재들이 참여하면서 활동한

---

1 『한국민족문화대백과사전(3)』, 641~642쪽.

결과 적잖은 성과를 냈다.

　선생은 이 위원 중에 그 질로나 양으로나 가장 뛰어난 연구보고서를 내어서 중심인물이 되었다. 그 연구문제는 다음과 같다.

　1. 국문의 연원

　2. 자체(字體)와 발음의 연혁

　3. 초성 ㅇ,ㆆ,ㅿ,◇,ㅱ,ㅸ,ㆄ,ㅃ 여덟 자를 다시 쓰는 가부

　4. 초성에 대한 ㄱㄷㅂㅅㅈㅎ 여섯 자의 병서법 일정

　5. 중성 "ㅡ"자를 창제하고 "ㆍ"자를 폐지하는 가부

　6. 종성 ㄷㅅ 두 자의 쓰는 법과 ㅈㅊㅋㅌㅍㅎ 여섯 자를 종성
　　에도 통용하는 가부

　7. 자모의 7음과 청탁과의 구별을 어떻게 할까

　8. 4성 표의 쓰고 안 씀과 조선 말소리의 높낮이

　9. 자모의 이름을 일정할 것

　10. 자의 차례와 줄의 차례를 일정할 것

　11. 철자법

　이 문제들도 광무 9년(서기 1905년)에 선생이 정부에 건의한 제목에 근거한 것이라 한다. 연구소 위원들이 각각 이 문제들에 대하여 연구하여 보고하고 또 서로 토론하여(융희 원년, 서기 1907년 9월부터 융희 3년 12월까지 23회의 토의) 종합 통일된 연구소의 의견을

붙이어 내각에 제출하였으나 학부대신이 갈리고 나라의 운수가 쇠망하여 감으로 말미암아 흐지부지하여 버리고 말았다. 선생의 연구 보고서는 제1회, 2회 치밖에 전하지 않으나 그 저서, 『국어문전음학(國語文典音學)』(융희 2년, 서기 1908년 11월 6일), 『국어문법(國語文法)』(융희 4년, 서기 1910년 4월 15일), 『말의 소리』(융희 8년, 서기 1914년 4월 13일) 등에 나타난 것을 보아, 특히 첫 책을 보아 연구 보고서의 모습을 엿볼 수 있다고 생각한다.[2]

---

2 김윤경, 앞의 책, 209~210쪽.

〈제국신문〉에
쓴 논설

◇

사람이 전 생애를 바쳐 한 가지 일에 종사한다면, '위대함'이란 칭호를 받아도 될 것이다. 더구나 그것이 민족이나 국가를 위하는 일이라면 더 말할 나위도 없을 것이다.

주시경은 그랬다. 비록 짧은 삶이었지만 그는 일찍 역사 현상에 눈을 뜨고, 우리말·우리글 연구와 보급에 모든 것을 걸었다. 누군가의 가르침이나 영향이라기보다 스스로 깨우침이고 결정이고 실천이었다.

긴 역사의 안목에서 보면 선각이고 선구적인 일이지만 당대로서는 반시대적 아웃사이더이고 소외되고 외톨이가 되기 십상이었다. 여기에 견디지 못해 포기하고 굴절하면 무의미해도, 끝까지 추진하면 설혹 당대에는 열매를 맺지 못하지만, 그가 뿌린 씨앗은 언젠가 싹이 트고 열매를 맺는다.

주시경은 학부의 국문연구소에서 일하는 동안에도 경향 각지의 학교와 강습소를 순회하면서 국어와 맞춤법을 가르쳤다. 국어학자 이윤재는 1933년 10월 28일 〈동아일보〉에 한글의 변천을 네 가지 시대로 구분한 바 있다.

① 정음시대(창제기) : 세종 28년(1446)부터 성종 대(1469~1494)까지 50년간
② 언문시대(침체기) : 연산군 대(1494~1506)부터 고종 30년(1893)까지 400여 년간
③ 국문시대(부흥기) : 갑오개혁 때부터 경술년(1910)까지 17년간
④ 한글시대(정리기) : 주시경의 한글운동부터 현재(1933)까지 20여 년간

주시경의 국문(한글) 사랑 정신은 치열하고 한결같았다. 지금부터 120여 년 전에 〈제국신문〉에 쓴 논설에서 그 정신의 일단을 살필 수 있겠다. '논설'의 두 대목을 살펴본다.

전국 사람이 국문에 힘을 써서 연구하여 점점 발명하거더면 편리한 법이 세계 만국 글 중에 제일 긴요한 글이 될 것이거늘, 우리나라 사람들은 배우기 어렵고 알기도 어렵고 마음대로 말을

만들기 어려운 한문만 글로 알고, 배우기 쉽고 알기 쉽고 못할 말 없이 하기 쉬운 국문은 글로 알지도 아니하고 여인들이나 배울 것이라고 하며 등한히 여기고 천하게 여겨서 무슨 문자로 치부(置簿)를 하든지 통신하는 일 같은 천만사를 넉넉지 못한 한문으로만 기록하고 쉬운 국문은 쓰지 아니할 뿐더러, 또 여간 짐작하고 국문을 쓰는 사람들도 국문을 만든 이치와 말 만드는 데 고하자(高下字)와 경위를 분변치 아니하고 되는대로 횡설수설하게 써서 남이 그 글을 보고도 알 수가 없이 만드니 어찌 개탄치 아니하리.

국문 만든 이치가 경홀(輕忽)하지도 아니하고 말 만드는 법도 기묘한 고로, 우리나라에서는 긴중(緊重)히 여기지 아니하되 외국 사람들은 그 글이 묘한 글이라 칭도(稱道)하며 점점 발명하고 연구하여 고하자(高下字)의 분간을 구별하여 서책을 만들고 신문을 만들어 아무쪼록 세상의 남녀노소 없이 다 국문을 달통하여 무식한 사람이 없도록 생각하거늘, 정작 본국 사람들은 시악심상(恃惡尋常)하고 국문에 힘을 쓰지 아니하는 지라.

가령 동서양 사기(史記)라든지 성경현전(聖經賢典)이라든지 법률 규칙 같은 천만사를 모두 국문으로 번역하고 아무쪼록 국문을 연구하여 남이 알기 쉽도록 만들겠더면 사람마다 세계 형편도 알기 쉬울 것이요, 성경현전의 좋은 말과 좋은 행실을 보아서 모두 지식도 늘고 행실도 점잖아질 터이요, 내 나라 일과 남의 나라 일을 보아 분변하는 애국성(愛國性)도 생길 터이거늘, 한문으로 기록한 책만 보아야 하겠고 수 십 년을 공부하여야 성공할는지 말는지 한 한문 공부만 하여야 될 줄만 아나니, 어느 겨를에 다른 것은 아니로되 국문을 등한히 여기고 힘쓰지 아니할 것이 아니기로 두어 마디 설명 하거니와 국문이 발달되는 날에야 우리 대한이 세계에 독립 부강국이 될 줄로 짐작하노라.[3]

3 「논설」, 〈제국신문〉, 1900년 1월 10일치, 발췌.

<서우>에 쓴
'국어와 국문의 필요'

◇

우리 속담에 '호랑이는 죽어서 가죽을 남기고, 사람은 죽어서 이름을 남긴다'는 말이 전한다. 이 속담을 빌려서 학자는 죽어 글을 남긴다고 해도 틀리지 않을 것이다. 학자가 남긴 글이라고 다 중요한 것은 아니다. 어떤 글은 활자화와 동시에 사문자(死文字)가 되기도 하고, 어떤 글은 시공을 초월한다. 주시경은 학자이고 연구가이면서도 남긴 글은 얼마 되지 않는다. 인쇄 매체가 많지 않았던 시절이고 너무 일찍 요절한 때문이다.

그런 중에도 서우학회 협찬원으로 있을 때인 1907년 1월 1일 <서우> 제2호에 쓴 '국어와 국문의 필요'는 시공을 초월하는 글 중에 속한다.

가) 대체로 글(文字)은 두 가지가 있으니 하나는 형상을 표하는

글이요, 하나는 말을 표하는 글이다. 대개 형상을 표하는 글은 옛적 덜 열린 시대에 쓰던 글이요, 말을 표하는 글은 근래 열린 시대에 쓰는 글이다. 그러나 형상을 표하는 글을 지금까지도 쓰는 나라도 적지 아니하니, 중국의 한문 같은 글이다. 그 외는 다 말을 기록하는 글인데, 이국(伊國), 법국(法國), 덕국(德國), 영국(英國) 글과 일본 가나(假名)와 우리나라 정음 같은 글들이다.

대개 글이라 하는 것은 일을 기록하여 내 뜻을 남에게 통하고 남의 뜻을 내가 알고자 하는 것뿐이다. 물건의 형상이나 형상 없는 뜻을 구별하여 표하는 글은 말 외에 따로 배우는 글이요, 말을 표하는 글은 이왕 아는 말의 음(音)을 표하는 글이다.

나) 이러므로, 형상을 표하는 글은 힘이 더 들어서 그 글을 배우는 것이 타국말을 배우는 것과 같이 세월과 힘이 허비될 뿐 아니라, 천하 각종 물건이 무수한 이름과 각양각색 사건의 무수한 뜻을 다 각각 표로 구별하여 그림을 만들므로 글자가 많고 자획이 번다하여 배우고 익히기가 지극히 어렵다. 그러나 말을 표하는 글은 음의 십여 가지 분별만 표하여 돌려쓰므로, 자획이 적어 배우기와 익히기가 지극히 쉬울 뿐 아니라 읽으면 곧 말인 즉 그 뜻을 알기도 말 듣는 것과 같고, 지어 쓰기도 말하는 것과 같다. 그러니 그 편리함이 형상을 표하는 글보다 몇 배가 쉬울 것은 말하지 아니하여도 알 것이다.

다) 또, 이 지구상의 육지가 천연으로 그어져 그 구역 안에 사는 한떨기 인종이 그 풍토에서 품부받은 토음에 적당한 말을 지어 쓰고 또 그 말의 음에 적당한 글을 지어쓰는 것이다. 이러므로 한 나라에 특별한 말과 글이 있는 것은 곧 그 나라가 이 세상에 자연히 바로 자주국 되는 표요 그 말과 그 글을 쓰는 사람들은 곧 그 나라에 속하여 한 단체 되는 표다. 그러므로 남의 나라를 빼앗고자 하는 자가 그 말과 글을 없애고 제 말과 제 글을 가르치려 하며, 그 나라를 지키고자 하는 자는 제 말과 제 글을 유지하여 발달코자 하는 것은 고금천하 사기(史記)에 많이 나타나는 바이다. 그런즉 내 나라 글이 다른 나라만 못하다 할지라도 내 나라 글을 숭상하고 잘 고쳐 좋은 글이 되게 해야 할 것이다.

라) 우리 반도에 태고 적부터 우리 반도 인종이 따로 있고 말이 따로 있으나 글은 없었다. 중국을 통한 후로 한문을 쓰다가 세종대왕이 지극히 밝아서, 각국이 다 그 나라글이 있어 그 말을 기록하여 쓰되 홀로 우리나라는 글이 완전치 못함을 개탄하고, 국문을 창제하여 중외(中外)에 반포하였으니 참 거룩한 일이다. 그러나 후손들이 그 뜻을 본받지 못하고 오히려 한문만 숭상하여, 어릴 때부터 이삼십까지 아무 일도 아니하고 한문만 공부로 삼되 능히 글을 알아보고 능히 글로 그 뜻을 짓는 자가 백에 하나가 못 된다. 이는 다름 아니라 한문은 형상을 표하는 글일 뿐더러

제8장 한글연구와 글쓰기에 전력투구

본래 타국 글이므로 이 같이 어려운 것이다.

마) 사람의 일평생에 두 번 오지 아니 하는 때를 다 한문 한 가지 배우기에 허비하니 어찌 개탄치 아니하겠는가? 지금 뜻있는 이들이 교육, 교육하니 이왕 한문을 배운 사람만 교육코자 함이 아니겠고, 또 이십년 삼십년을 다 한문을 가르친 후에야 여러 가지 학문을 가르치고자 함도 아닐 것이다. 그러면 영어나 일어로 가르치고자 함인가? 영어나 일어를 누가 알겠는가? 영어, 일어는 한문보다 더 어려울 것이다. 지금 같은 세상을 당하여 특별히 영(英語), 일(日語), 법(佛法), 덕(德語) 등 여러 외국말을 배우는 이도 반드시 있어야 할 것이다.

그러나 전국 인민의 사상을 변화시키며 지식을 다 넓혀 주려면 불가불 국문으로 각양각색의 학문을 저술하며 번역하여 남녀를 막론하고 다 쉽게 알도록 가르쳐 주어야 될 것이다. 영, 미, 불, 독 같은 나라들은 한문을 구경도 못하였으되 저렇듯 부강함을 보라. 우리 동반도(東半島)가 사천여 년 전부터 개국한 이래 이천만중 사회에 날로 통용하는 말을 입으로만 서로 전하던 것도 큰 흠절이어늘, 국문이 생긴 후 몇 백 년에 사전 한 권도 만들지 않고 한문만 숭상한 것이 어찌 부끄럽지 아니하겠는가?

오늘 이후로 우리 국어와 국문을 업수이 여기지 말고 힘써 그 법과 이치를 궁구하며, 사전과 문법과 독본들을 잘 만들어 더 좋

고 더 편리한 말과 글이 되게 할 뿐 아니라, 우리 온 나라 사람이
다 국어와 국문을 우리나라 근본의 주장글로 숭상하고 사랑하여
쓰기를 바란다.[4]

---

4 『주시경 학보』, 제4집, 이윤표, 「주시경 '국어와 국문의 필요'」 252~253쪽, 1989,
   탑 출판사.

제8장 한글연구와 글쓰기에 전력투구

《신학월보》에 쓴
'사람의 지혜와 권력'

◇

주시경은 국문연구가·한글 전도사이면서도 계몽운동가였다. 당시의 지식인 그룹 특히 개화파 계열의 진보지식인들은 대부분이 청년 계몽운동을 하였다. 그는 1902년 9월에 발간된《신학월보》제2권 9호의 '사설'란에 쥬상호라는 이름으로 '사람의 지혜와 권력'이란 긴 글을 썼다. 순국문으로 어느 정도 띄어쓰기를 한 채 세로쓰기로 인쇄되어 있다. 여기서는 글의 후반부를 소개한다. 국민계몽과 관련한 부분이다.

또 나라끼리 다투고 인종끼리도 싸우매 학문을 힘쓰지 아니하고 서로 편리한 기계를 만들지 않고 생활하는 규모와 보국하는 정략을 변통치 아니하던 미국 토종(土種)들은 구주 인종들이 윤선을 타고 대포와 총과 기타 정예한 기계들을 가지고 더럭더

럭 건너와 포대를 묻고 철로를 놓고 성을 짓고 상업을 점점 확장
하되 토종들은 그 뇌와 손을 합당하게 쓰지 아니하므로 남의 좋
은 정략과 규모와 기계를 저의 눈으로 뻔히 보면서도 본받을 생
각도 두지 아니하다가 선척(船隻)들이 많이 왕래하는 해안과 강
변과 장사 잘 되는 통구(通口)와 그의 경내(境內)에 모든 좋은 곳
과 권세 있고 돈 많이 생기는 일은 다 빼앗기고 모군(募軍) 일이
나 하고 굴뚝이나 우비며 궁빈한 곳으로 차차 밀려가 그 사는 것
이 가난하고 더럽고 무식하고 천하여 그 종자가 점점 시들어 멸
망하였고, 인도는 삼억이나 되는 인중(人衆)으로 그 여러 가지 무
식하고 천루한 풍속을 지키느라고 그들의 뇌와 손이 이 풍속의
종이 되어 국제의 정략과 생활의 사업을 편리하도록 변총치 아
니하고 그 풍속 지키기에 그 뇌가 흐리고 못이 박혀 밤낮 내기
와 기도하기와 무술(巫術)을 믿어 굿하기와 고사지내기와 부적과
진언 등설(等說)을 믿어 귀신을 쫓는다기와 귀신이 도와주면 잘
된다고 위하기와 귀신의 노(怒)를 푼다고 푸닥거리하기와 귀신
을 제어한다고 경문을 읽기와 길흉화복을 점쳐 예방한다기와 사
람을 죽여 산천이나 부처나 짐승에게 제사지내기와 죽은 사람을
위하여 복 빈다기와 여러 가지 속기(俗氣)를 숭상하기와 국법이
문란하여 협잡하기와 그 외에 형형색색으로 이루 다 말할 수 없
는 이치가 많고 더러운 무식한 풍속만 지키기를 일삼으며 저희끼
리 조그마한 일로 다투며 일심(一心)이 되지 못하다가 십배나 적

　　　　　　제8장 한글연구와 글쓰기에 전력투구

은 대서양 속에 있는 조그마한 섬 영국에 휘둘려 종노릇하더라.

우리나라에도 이와 비슷한 풍속이 많은데 그 풍속의 폐되는 것이 극히 크건마는 법통하기는 고사하고 폐되는 줄도 깨닫지 못하니 진실로 애석한 바이로다. 이 아래 크게 폐단되는 풍속을 대강만 몇 가지 기록하니 위에 말한 것을 미루어 왜 폐단이 되나 궁구하여 보고 변통하기를 바라노라. 우리는 이런 풍속에 젖어 부끄러운 줄을 깨닫지 못하나 불가사문어타인(不可使聞於他人)이라 지상(紙上)에 드러내고 싶지 아니하되 폐됨을 일깨우고자 하매 하지 못하여 기록하노라.

一. 변통할 줄 모르는 풍속

一. 제사지내는 풍속

一. 장지를 택하는 풍속

一. 조혼하는 풍속

一. 돈 받고 시집보내는 풍속

一. 내외하는 풍속

一. 여아를 가르치지 아니하는 풍속

一. 문벌을 구별하는 풍속

一. 의복의 제도를 구별하여 입는 풍속

一. 무식하고 이치 없는 무수한 속기를 무서워하고 독실히 지키는 풍속

一. 무복(巫卜)을 믿고 여러 가지로 무식한 노릇을 행하는 풍속

一. 불가에서 나오는 여러 가지 괴상한 일을 믿어 행하는 풍속

一. 한문을 숭상하여 풍월을 일삼는 풍속

一. 지금 소위 학자들은 성현을 본받는답시고 학교와 서원 등을 실시하고 예식과 허문만 숭상하는 풍속

一. 산천으로 다니며 복 빈다고 재물을 허비하는 풍속

一. 당(堂)과 주저리와 신장(神將壇)과 터주와 성주(成造)와 제석(帝釋)과 걸립(乞粒)과 조왕과 업위양(業位樣)과 그 외에 대처 이름도 이루 다 알 수 없는 여러 가지 종류를 만들어 놓고 숭배하는 풍속

一. 상투 짧고 망건 쓰는 풍속

一. 항상 흰 옷 입는 풍속

一. 위생하는 도리에 어두워 거처를 정쇄(淨灑)하게 아니하는 풍속

一. 질병에 굿하기와 여러 귀신에게 빌기와 경 읽기와 동법 잡기와 죽 쑤어 버리기와 그 외 여러 가지 모양으로 예방한다는 따위 일을 부지런히 행하느라고 정성을 쓰고 재물을 허비하면서 그 병은 점점 심하여 가도 약을 쓸 줄 모르는 풍속

一. 백에 아흔 아홉은 시모가 며느리와 불화하는 풍속

一. 여인들은 쓸데없는 잔말을 많이 하는 풍속

一. 무무(貿貿)한 자 과부 동이는 풍속

一. 뇌물하는 풍속

이외에도 한량없는 폐속을 일일이 다 말할 수 없는데 이런 풍속들만 뒤집어쓰고도 그 속에서 우물우물하면서 이내 벗어 버릴 생각이 없어 변통하기를 도모치 아니하고 이 모양대로 지내어 가려고 하다가는 지금 외세가 점점 강성하는 때를 당하여 필경 납작이 됨을 면치 못하겠도다. 어찌 개탄한 바 아니라오? 짐승은 그 천생 형세가 어찌할 수 없어 생활하는 일을 변통하여 더 좋게 하지 못하되 사람은 무슨 일이든지 강구하고 힘쓰면 못할 일이 없는지라.

하늘이 주신 기묘한 뇌와 손을 합당하게 잘 써서 이런 고루한 일을 다 버리고 규모와 풍속을 변통하여 천리와 인정에 합당하게 하고 기계, 거처, 의복, 음식을 아름답게 하며 의(義)를 잡고 영특한 일을 많이 행하여 우리나라 사람이 세계상에 위덮는 인종이 되기를 도모할지어다. 그런즉 사람의 지혜와 권력이 짐승보다 많은지라. 이 많은 것을 잘 쓰면 좋은 사업은 좀 하되 얼마 되지 못하고 만일 하느님의 지혜와 권력을 얻어 행하면 무궁무진한 사업을 한량없이 하리니 우리는 항상 본지혜(本知慧)와 본권력(本權力)을 믿지 말고 하느님을 의지하여야 될지라.[5]

---

5 『주시경 학보』, 제5집, 이현희, 219~221쪽.

한글연구에 바친 애국단심

일제가 대한제국의
숨통을 조일 때

주시경이 국문연구소에서 열정을 바치고 있을 즈음 나라 안팎은 더욱 소용돌이쳤다. 큰 흐름은 일제가 병탄으로 몰아가는 길이고, 여기에 크고 작은 저항이 있었지만, 망국의 물줄기를 바꾸기는 어려웠다. 1907년 7월 18일 고종이 황태자에게 국사를 대리시킨다는 조칙을 발표하고, 7월 20일 조선조 마지막 임금이 된 순종이 즉위하였다.

자의에 따른 선위가 아니었다. 헤이그 밀사를 파견한 일을 트집 잡아 일제가 고종을 밀어내고 순종을 즉위시킨 것이다. 일제는 조선의 국왕까지 바꿀 정도가 되었다. 고종은 망국 군주이지만, 일제에 쉽게 호락호락하지 않았다. 하지만 순종은 선왕과도 달라서 그야말로 애국심도 패기도 없는 '흐물흐물한' 군주였다.

순종이 즉위한 지 사흘 만인 7월 24일 한일신협약이 체결되었다. 정미7조약으로도 불리는 이 조약은 법률 제정과 중요한 행정상의 처분은 통감의 승인을 받을 것, 고등 관리의 임명은 통감의 동의를 받고, 통감이 추천한 일본인을 한국관리에 임명할 것 등을 규정하였다. 입법권과 인사권이 통감부에 넘어간 것이다.

통감부는 같은 날 신문발행의 허가제와 신문기사의 사전검열을 규정하는 신문지법을 제정하고, 7월 27일 항일운동의 탄압을 목적으로 집회결사를 제한하고 무기 휴대를 금지하는 보안법을 제정하였다. 해방 후 이승만과 박정희가 유용하게 써먹은 국가보안법의 모태가 된 악법이다. 이어서 7월 31일 군대해산 조칙을 발령하여 취약하지만, 나름의 국토방위의 역할을 맡았던 대한제국 군대가 해산되었다.

이에 저항하여 정미의병이 일어나고, 이보다 앞서 국채보상운동이 전개되었다. 해가 바뀌어 1907년이 되면서 일제의 압박은 더욱 심해졌다. 9월 6일 통감부는 의병활동을 막고자 총포 및 화약류 단속법을 제정하고, 10월 7일 '한국주차헌병에 관한 건'을 공포하여 일본 헌병의 경찰권을 강화하고 병력을 크게 증가시켰다. 12월 6일 유학자 이인영을 총대장으로 추대한 13도 창의군이 결성되어 동대문 밖 30리 지점까지 진격했으나 일본군의 선제공격을 받고 패배했다. 군대해산, 보안법 제정, 신문지법 제정, 의병학살 등 일련의 조처로 일제는 대한제국의 손발을 묶고 귀와 눈을 가렸다.

제9장 한글연구에 바친 애국단심

일제는 조선의 병탄을 앞두고 치밀하고 치열하게 옭죄었다. 1908년 8월 26일 사립학교령을 반포하여 학교설립과 교과서 발행을 인가제로 바꾸도록 하였다. 개화세력이 국민계몽을 위해 전국 각지에 세운 사립학교까지 저들의 손아귀에 장악되었다. 같은 해 12월 28일 식민지 지주회사로 조선농민의 땅을 빼앗고, 일본 농민의 조선 이주를 목적으로 동양척식주식회사를 설립하였다.

다시 해가 바뀐 1909년 2월 23일 통감부는 출판물의 원고 검열과 배일·항일 출판물의 압수를 합법화하는 출판법을 공포했다. 이 조처로 연말까지 5,767권의 민족운동 관련 책이 압수되어 소각되거나 일본으로 실려갔다. 9월 2일을 기해 일본군이 남한 의병 대학살작전을 전개하여 의병의 씨를 말렸다. 영국 기자 F. A. 맥켄지는 일본군의 잔학상을 전하며, 번잡하고 유복했던 마을 제천이 "온전한 벽도 대들보도, 파손되지 않은 그릇도 하나 없을 정도로 파괴되어 지도상에서 사라졌다"고 보도하였다. 일본군은 의병학살에 이른바 '삼광작전(三光作戰)'이라 하여 "모두 죽이고 모두 탈취하고 모두 불태우는" 야만성을 드러냈다.

일제가 대한제국의 숨통을 조일 때 주시경은 1908년 11월 음성론·소리갈 등의 국어 문법을 논한 『국어문전음학(國語文典音學)』을 발행하고, 얼마 뒤 『소리길』을 박문서관에서 펴냈다. 이어 남대문 안에 있는 상동 기독교청년회관에 '하기 국어강습소'를 열어 청년 학생들에게 우리말과 우리글을 가르쳤다.

이외에도 여러 곳의 청년학원과 각급 학교, 야학 강습소에 초빙되어 "앉은 자리가 따뜻해질 겨를이 없을 만큼" 분주한 교육과 생활에 온갖 열정을 다 쏟았다. 강의할 책을 큰 보에 싸서 바삐 이곳저곳으로 강의하러 다니는 선생을 학생들이 '주보따리', '주보퉁이'로 별명을 지은 것도 이때의 일이다.[1]

---

1 『나라사랑』, 제4권, 25쪽.

제9장 한글연구에 바친 애국단심

'민족 위한 학구파'
연구자의 평가

◇

일제의 전방위적인 침략으로 대한제국은 국난의 위기로 치달았다. 을사오적을 비롯하여 의병에 대항하여 각지에 자위단을 파견한 일진회, 한국의 행복을 위해서는 일본과 합방해야 한다는 이용구·송병준 무리가 날뛰는 반면에는 우국지사들도 적지 않았다.

한국군 해산에 반대하여 자결한 박승환, 국권회복을 목적으로 조직한 비밀결사 신민회의 안창호·양기탁·이회영·김구·이동휘·신채호 등, 스티븐스를 처단한 전명운·장인환, 이토 히로부미를 처단한 안중근, 매국노 이완용을 습격한 이재명 등 의열지사들이 있었다.

우국지사들은 여러 가지 방법을 동원하여 기울어가는 나라를 바로 세우고, 매국노를 처단하는 데 생명을 바치거나 육신을 던졌다. 그러나 주시경은 방법을 달리하였다. 나랏말의 연구와 보급에 신명을 걸었다. 국운이 어려워질수록 국문연구와 청년교육에 대한 그의 열정은 더욱 뜨거워져갔다.

1909년 2월에는 상동 사립청년학원에 국어연구학회를 설립하고, 총회에서 "국문을 정리함이 가정을 청소하는 것과 같다"고 역설하였다.

을사늑약 이후 주시경의 국어연구 관련 활동상을 간추린다.

1906년 6월 「대한국어문법」을 유인물로 내다. 8월부터 《가정잡지》에 「국문」 연재.

1907년 7월 정부에 '국문연구소' 개설을 청원하여 개설을 이루어 내고, 여름에 상동 청년학원국어강습소 강사로 출강하여 음학·도해학·격분학 등 6개 강의를 맡고, 「국문연구안」 제2회 분을 국문연구소에 제출.

1908년 11월 「국어문전음학(國語文典音學)」(62면)을 간행하고, 이 해에 「국문연구안」 제3~10회 분을 제출.

1909년 2월 『국문초학』(44면)을 간행하다.

1910년 4월 『국어문법』을 간행하다. 『국어문법』은 1898년에 집필한 초고를 보완한 것이다.

1977년에 『주시경 연구』를 펴낸 김민수 교수는 주시경을 '의지 강한 과학인', '구국 위한 운동가', '민족 위한 학구파'로 분석한다.

첫째, 의지 강한 과학인

여러 방면을 두루 34세가 될 때까지도 공부한 그의 학력을 보면, 그는 분명히 의지인으로서 노력가임에 틀림없다. 그리고 학업내용에 수리계(數理系)가 차지한 것으로 보아 꼼꼼하고 규격적인 성격이었다고 믿어진다. 이런 성품은 그의 섬세하고 짜임새 있는 저술로서도 엿볼 수가 있다. 그러면 그는 가히 정적이기보다 이성적이며, 사리보다 공리를 우선하는, 의지의 과학인이었다고 해야 하겠다.

둘째, 구국 위한 운동가

이성적인 의지인이었기 때문에, 필경 그는 소신을 가지고 신념에 살았다. 한 번 마음먹은 일은 한사코 소신대로 하고야 마는 강한 의지, 이것이 그로 하여금 구국을 위한 운동가가 되게 했을 것이다. 그러나 이성이 있기 때문에 우직하지 않았고, 높은 차원에서 민족어를 통한 구국에 심혈을 다 바쳤다. 무엇보다 감명 깊게 느끼는 점은, 소중한 그의 일생을 불사른 순수한 민족주의 정신이다.

셋째, 민족을 위한 학구파

그는 신념에 산 운동가인 반면에, 차분하고 철저한 학구파이기도 했다. 그러므로, 남달리 검소하고 근면했다. 1910년 35세에 11개교에 나가 가르친 사실은 이를 증명하고 남는다. 몸을 돌보지 않고 연구와 교육에 바쳐 고달프기만 한 생애로 인생을 끝마쳤다. 그처럼 의지와 이성을 갖추지 않았던들 그러한 업적을 쌓지 못했겠거니와, 그를 북돋아 주지 못한 당시의 풍토가 서글프다.[2]

---

2   김민수, 『주시경 연구』, 227~228쪽, 탑 출판사, 1977.

국치 직전에
『국어문법』간행

주시경은 34살 때에 국치의 해 경술년(1910)을 맞았다. 불운한 세대의 비극적인 운명이었다. 평화시대였다면 학자로서 연구와 강의를 하면서 가족과 함께 소소한 행복을 누릴 나이가 아닌가. 그 사이 두 딸이 태어나 가족이 여섯으로 늘었다.

1909년부터 국문연구소는 거의 활동이 정지되었다. 일제가 대한제국의 숨통을 조이면서 정부의 국문연구기관을 내버려둘 리 없었다. 주시경과 이에 참여했던 연구가들의 상심은 이만저만이 아니었다. 그럴수록 주시경은 마음을 다잡고 국문연구와 청소년들에 대한 교육을 열심히 하였다.

주시경은 이 해 4월 15일 『국어문법』을 간행, 그간의 연구성과를 책으로 묶었다.

이 초고는 상동청년학원 안의 국어강습소 등의 강의안으로 활용하면서 끊임없이 수정되어 갔을 것으로 믿어진다. 그 내용은 음학·분자학·격분학·도해학·변체학·실용연습의 6과로 나누어 가르쳤다는 1907년 제1회 하기 국어강습이 암시하여 줄 뿐이다.

다만 그 중 음학은 1908년 제2회 하기 강습의 강의안이 『국어문전음학』이란 저서로 먼저 간행되었다. 이 초고는 계속해서 검토되고 수정되어 1910년에 간행될 때에는 우리 말로 거의 고쳐지게 되었다.

주시경은 국치를 눈앞에 두고 조국의 글을 지키고자 하는 충심에서 『국어문법』을 간행하여 많은 관심을 모았다. 『국어문법』 서문의 일부를 소개한다. 김민수 교수가 현대문으로 고친 것이다.[3]

하늘의 섭리에 따라 그 지역에 그 인종이 살기에 마땅하여, 그 인종이 그 언어를 말하기 적당하여 천연의 사회로 국가를 이루어 독립이 각기 정해졌으니, 그 지역은 독립의 터요, 그 인종은 독립의 몸이요, 그 언어는 독립의 마음(뜻)이라.

이 마음이 없으면 몸이 있어도 그 몸이 아니요, 터가 있어도 터가 아니니, 그 국가의 성쇠도 언어의 성쇠에 있고, 국가의 존부도 언어의 존부에 있는 것이니, 그 국가의 존부에 있는 것이다. 그러

---

3 김민수, 앞의 책, 4~5쪽.

제9장 한글연구에 바친 애국단심

므로 고금의 세계 열국이 각각 제 언어를 존숭하여, 그 언어를 기록하여 그 문자를 각각 자음이 다 이를 위한 것이다.[4]

주시경은 1910년 6월 사동에 자리잡은 사립(사범) 강습소, 7월 황해도 재령의 나우리 강습소, 9월 배재학당의 강사로 여러 곳을 다니며 우리말과 우리글을 가르쳤다. 그는 쉴 틈이 없었고 열정은 조금도 식지 않았다.

8월 29일 조선 천지에 날벼락이 떨어졌다. 예상하지 못한 바는 아니었지만 막상 날아든 날벼락과 폭풍우를 감내하기 어려웠다. 8월 22일 총리대신 이완용과 조선통감 데라우치 마사다케가 한국통치권을 일왕에게 양도한다는 문서에 서명했으나, 왕실에서 순종 즉위 4주년 행사를 치른 뒤에 발표해달라고 해서 29일에 망국조약이 공표되었다.

임금이란 자와 그를 받드는 무리들은 국권을 빼앗기는 조약을 체결하고도, '즉위 잔칫날' 행사를 위해 발표를 며칠 유예시켜 달라고 한 것이다. 그런 수준의 임금과 조종 신료들이 국가경영을 맡은 것은 민족의 비극이었다. '경술 7적'의 죄와 함께 고종·순종의 죄는 역사 백대(百代)를 두고 용서하지 못할 것이다.

주시경의 제자 중 하나인 한글학자이며 독립운동가인 이윤재

----

4 앞의 책, 13쪽.

는 1922년 8월 대한민국 임시정부 기관지 〈독립신문〉에 「국치가」를 실었다. 국치를 당한 주시경의 심경도 이와 같았을 것이다. 5절까지인데, 여기서는 3절까지만 소개한다.

국치가

1. 빛나고 영광스런 반만년 역사
   문명을 자랑하던 선진국으로
   슬프다 천만몽외(千萬夢外) 오늘 이 지경
   아~ 이 부끄럼을 못내 참으리

2. 신정한 한배 자손 2천만 동포
   하늘이 빼아내신 민족이더니
   원수의 칼날 밑에 어육(魚肉)됨이어
   아~ 이 부끄럼을 못내 참으리

3. 화려한 금수강산 삼천리 땅은
   선열의 피와 땀이 적신 흙덩이
   원수의 말발굽에 밟힌단말가
   아~ 이 부끄럼을 못내 참으리[5]

---

5 박용규, 앞의 책, 21쪽.

제9장 한글연구에 바친 애국단심

조선광문회에서
'우리말 사전' 편찬준비

◇

대한제국을 강점한 일제는 9월 1일 〈황성신문〉, 〈대한민보〉, 〈대한신문〉을 폐간하고, 〈대한매일신보〉는 '대한'을 빼고 〈매일신보〉로 제호를 고쳐 총독부 기관지로 만들었다. 이 신문은 일제강점기 35년 동안 민족을 배반하고, 일제에 충성한 어용지 노릇을 충실히 하였다.

10월 1일 데라우치 미사다케가 초대 총독이 되어 혹독한 무단통치를 자행하고, 구한국 고관 76명(이중 4명은 거부 또는 반납)에게 일본 작위를 주었다. 조선귀족령을 공포하여 친일매국노들을 알뜰살뜰히 대접하였다. 총독부 경무총감부는 주시경의 국문 관련 서책을 비롯하여 신채호의 『을지문덕』 등 민족의식을 고취하는 서적 45종을 압수 또는 발매 금지시켰다.

주시경도 직격탄을 맞았다. 병탄 직후 총독부는 학부의 국문연구소 칙임위원직을 해임하고, 연구소를 폐지시켰다. 3년여 몸 담고 연구하면서 일정한 급료를 받아 생계를 유지했던 것이 모두 박탈되었다.

이런 와중에 최남선의 주도로 이 해 10월 중순 조선광문회가 설립되었다. 을사늑약 이후 구국을 위한 국민계몽운동이 전개되는 가운데, 우리 국사연구도 민족정신과 자존심을 드높이는 방향으로 이루어져야 한다는 자각이 일어나면서 광문회가 발족되었다. 광문회는 우리 고전을 발굴하고 그 가치를 재인식시키기 위한 노력으로 한국 고전을 간행·보급하는 한편 민족문화와 사상의 기원에 관한 연구를 활발히 하였다.

주시경을 비롯하여 박은식·현채·장지연·유근·이인승·김교헌 등 민족주의 학자들이 다수 참여한 것은, 국치와 함께 일제가 진귀한 서적과 문화재를 반출해가면서 이에 대응하려는 의도에서였다. 주시경은 국어사전 편찬을 위한 어휘수집 등의 책임을 맡았다.

광문회는『대한역사』,『대한지지(大韓地誌)』,『동국통감』,『동사강목』,『삼국사기』,『삼국유사』,『훈몽자회』,『이충무공 전서』등을 편찬하고, 각종 도서와 잡지《소년》을 발행하고, 민족전통의 계승을 위한 고전 간행과 보급을 하였다. 주시경은 권덕규·이규영 등과 함께 우리나라 최초의 국어사전 편찬을 시도하다가 몇 년 후 돌연한 죽음으로 끝을 맺지 못하였다.

그는 가는 곳마다, 하는 일마다 그 중심은 우리글, 우리말의 연구에 있었다. 나라가 망하자 가장 시급한 것이 우리말 사전의 편찬작업이었다. 일제가 하는 꼴을 볼 때 필연적으로 한국어와 한글을 쓰지 못하게 하리라는 사실을 내다보고 우리말 사전 편찬을 서둘렀다.

배재학당에 다닐 때에는 같은 학교 학생들과 같이 의논하여 협성회를 조직하였으며, 독립신문사의 일을 맡았을 때에는 같이 일하는 사람들과 마음을 합하여 국문동식회를 이끌어 갔으며, 상동에 사설학원이 설립되매 국어문법과를 따로 설치하게 하고, 당시 의학교에 뜻이 통하는 벗이 있으매 그 안에 국어연구회를 설치하여 운영하였으며, 밤에는 야학강습소를, 그리고 일요일에는 일요강습소를 설립 운영하였고, 지금의 문교부에 해당하는 당시의 학부 안에 국문연구소가 개설되었을 때는 그 연구의 핵심이 되었으며, 외국인들 사이에 한어연구회가 생겼을 때에는 그들이 궁금하게 여기는 문제에 대하여 그 옳고 그름을 판단하는 표준이 되었고, 공립학교나 사립학교에 국어과 과정을 가르치게 함과 동시에 그 일을 스스로 맡아 뿌리를 기르고 근원을 키우는 것과 같은 운동을 전개하였으며, 조선광문회가 설립되자 한국의 말과 글에 관한 문서교정의 일이나 사전을 편찬하는 일에 힘을 쏟았으며, 자신이 평생 연구해 온 것을 뿌리내리기 위한 운동으로는 조선어강습원을 창립하여 뛰어난 인재들을 모아 가르쳐 이끄는 일에 정성을 다하니, 배움에 싫증을 느끼지 않고 가르침에 게으르지 않은 그 지극한 정성이 한 몸의 처지를 이렇듯 수고롭게 하였던 것이다.[6]

　주시경이 광문회에서 시작한 국어사전편찬을 위해 준비한 원고는 그의 사후인 1927년 계명구락부로 넘겨지고, 그것은 다시 1921년 우리말과 글의 연구를 목적으로 조직된 조선어학회로, 다시 1929년 국어보호·보급운동의 일환으로 국어사전편찬을 위해 만든 조선어사전편찬회로 이어졌다.
　조선어학회는 주시경의 정신을 잇고자, 그의 제자들인 장지영·김윤경·이윤재·이극로·최현배·이병기 등이 중심이 되어 조직되었다. 연구발표회와 강연회를 갖고 한글의 우수성을 선전하는 한편 1927년 2월부터는 기관지《한글》을 발간했다. 1929년에는 『조선어사전』의 편찬사업에 착수했으나 일제의 탄압으로 출판하지 못했다.
　또한 1933년에 〈한글 맞춤법 통일안〉을 발표하는 등 꾸준히 한글운동을 전개하다가 1942년 10월 '조선어학회사건'으로 30여 명이 일제에 의해 검거·투옥되고 혹독한 고문을 받았다.

6　임홍빈, 앞의 책, 253쪽.

한편 역시 주시경의 제자인 이극로 · 이윤재 · 정인승 등은 1929년 조선어사전편찬회를 만들고 준비 작업으로 〈사정한 조선어 표준말 모음〉, 〈외래어 표기법 통일안〉 등을 마련, 사전편찬 사업을 진행하다가 일제의 탄압으로 활동이 중단되었다.

해방 후 이들 조직의 후신인 한글학회가 설립되어 사업을 이어받아 1957년 『큰 사전』 6권을 발간하였다. 주시경이 뿌린 씨앗이 뒤늦게 열매를 맺은 것이다.

우리글은 우리 인종이 쓰기에
합당하다

◇

주시경의 국어사랑 정신과 연구는 생애를 두고 그의 모든 활동에서 집중되었다. 젊어서나 중년기나 다르지 않았다. 1906년 《가정잡지》에 쓴 '논설'에서 국문에 대한 애정을 거듭 살피게 한다.

글(文字)이라 하는 것은 말을 표현(表記)한 것이거나 그린(象形) 것이다. 우리 국문은 말을 표한 것이요, 한문 같은 것은 그 말은 상관없이 무슨 뜻은 무슨 표(標識)로 그린 그림이다. 말을 표하는 글(表音文字)은 말이 곧 글이므로 쉽고, 뜻을 표한 글(表意文字)은 말 외에 따로 배우는 것이므로 어렵다.

또한 우리나라 말을 기록한 글이 문법도 한문보다 매우 분명하고 쉽거니와, 글이란 나라마다 그 천연구역의 풍토인정을 따라 각각 그 나라에서 쓰기에 합당하도록 만든 것이다.

그러므로 영국 글은 영국인종이 쓰기에 합당하고, 아랍 글은 아랍인종이 쓰기에 합당하고, 중국 글은 중국인종이 쓰기에 합당하고, 우리나라 글은 우리나라 우리인종이 쓰기에 합당하다.

그렇기 때문에 우리 국문을 처음 만든 조선 세종대왕이 친히 말하기를 "우리나라 말의 음(音)이 중국과 같지 않아 그 문자와 서로 통하지 못하므로, 백성이 말을 하고자 하는 것이 있으나 이내 그 뜻을 펴지 못하는 자가 많은 지라, 내가 이것을 민망히 여겨 새로 28자를 만들어 사람마다 익히기 쉽고 날마다 쓰기에 편케 하노라" 하였거늘, 후세에 이 뜻을 본받지 않고, 보통 선비들이 어려운 한문만 일삼아 2, 30년씩 전력(專力)하되 여러 서적을 잘 해석하고 자기 뜻대로 능히 글을 짓는 사람은 백에 하나를 보기도 매우 어려우니, 이는 다름 아니라 한문은 타국 글일 뿐더러 말 외에 따로 배우는 것이어서 이같이 어려운 것이다. 좋고 쉬운 글은 쓰지 않고, 이 같이 어려운 한문만 일삼아 글을 아는 사람이 몇 안 되니, 어찌 어리석은 일이 아니겠는가?

백성이 한 나라 속에 있는 것은 마치 물건이 한 궤 속에 담긴 것과 같으므로, 그 궤에 있는 물건이 다 좋으면 값을 많이 받을 것이요, 그 궤에 있는 물건이 몇 개만 좋으면 값을 적게 받을 것은 이세(理勢)의 자연한 것이다. 영, 덕, 법, 미(英, 德, 法, 美) 같은 나라들은 온 나라 사람들이 다 그 나라 글로 여러 학식을 배워 값을 많이 받아 저 같이 부강 문명하거늘, 우리나라는 한문자만 아는 몇 사람 외에는 다 글을 알지 못하므로, 한 궤 속에 이지러진 물건이 많이 든 것 같이 값을 적게 받아 오늘 이 정형(情形)을 당하는 것이다. 이제 2, 30년씩 전력하여도 특별한 재주 아니면 졸업할 수 없는 한문으로는 온 나라 사람을 학식 있게 할 수 없으니, 우리나라 모든 사람을 다 가르치려 하면 불가불 국문을 써야 될 것이다.

그러므로, 이 잡지도 남녀노소, 상하귀천, 빈부지우(貧富智愚) 물론하고 다 알기 쉽게 하려고 순국문으로 만들며, 또 국문을 폐하여 두고 쓰지 않던 중에 서간(書簡)에 쓰이는 것도 잘못 씀이 많고 또 국어를 잘못 기록하는 것이 많으므로, 이 잡지 다음 호부터는 국문과정(國文課程)을 만들어 기록하겠다.[7]

---

7 《가정잡지》, 1-1호, 1906년 6월 25일.

아이들과 여성을 위해
문답형 글쓰기

주시경은 한글의 연구자·계몽운동가·교육자로서의 역할에 충실하였다. 그러다보니 아이들과 여성들이 한글을 쉽게 깨우치고자 여러 가지 방법을 시도하였다. 《가정잡지》에 '국문(國文)'이란 글을 연재할 때이다. "이 잡지는 아이와 여성을 위주로 하는 것이므로 어쨌던 쉬울 듯한 것부터 시작할 수밖에 없다"면서 당시에는 흔치 않은 문답식으로 풀이한다.

국문자를 처음으로 만든 사기(史記)

1 문 : 국문이란 무엇인가?

답 : 국문이란 것은 곧 언문(諺文)이라 하는 것입니다.

2 문 : 국문을 누가 처음으로 만들었는가?

답 : 조선 세종대왕이 처음으로 친히 만들었습니다.

3문 : 세종대왕은 어떠한 임금인가?

답 : 지극히 어질고 밝아서 나라를 잘 다스려 평안하고 즐겁게 하신 임금입니다.

4문 : 세종대왕이 국문을 만들어 언제 발표하였는가?

답 : 세종 28년 병인(丙寅)에 반포하였습니다.

5문 : 국문을 반포하시던 해부터 올해까지 몇 해나 되었는가?

답 : 461년이 되었습니다.

6문 : 우리나라에서 전부터 한문을 배워 쓰는데 세종대왕이 왜 국문을 어떻게 만들었는가?

답 : 한문을 낸 지나(支那)와 우리나라는 수토(水土)와 풍기(風氣)와 인종이 같지 않아, 그 글이 우리나라 사람의 성질과 구음(口音)에 합당치 못하고, 그 자획과 규모가 번거하고 어렵습니다. 또한 말 외에 따로 더 공부하는 것이어서 한문은 2, 30년 공부해도 잘 알지 못하고 쓰지 못하는 사람이 많습니다. 그래서 백성이 글로 하고자 하는 말이 있으나, 그 생각을 통하지 못하는 사람이 많습니다. 그러므로 이를 염려하여 어려운 글을 따로 더 배우지 않고라도 익히기 쉽고 쓰기 쉽게 이왕 아는 우리말을 기록하여, 글로 쓸 문자를 음의 분별대로 간략하고도 못 쓰는 말이 없게 만들었습니다.

8문 : 국문 만들던 대강 사적(史籍)이 무엇인가?

답 : 세종대왕이 '다른 나라들은 다 각각 문자를 만들어 그 나라 말을 기록하되 홀로 우리나라는 없음'을 염려하고 국문 만들 마을을 대궐 안에 설치하고, 신숙주, 성삼문, 정인지, 최 항 등을 명하여 그 일을 돕게 하며, 한문 옛전자(古篆子) 범자(梵字)를 의방(依倣)하여 자모(字母) 28자를 만들어 이름을 훈민정음이라 하였습니다. 이때에 명나라 한림학사 황찬(黃瓚)이 요동(遼東)에 귀양 와 있는데, 성삼문 등을 보내 황찬을 보고 음운을 질문케 하니 모두 13번이나 요동을 왕래하였고, 『홍무정운(洪武正韻)』(지금 『규장전운(奎章全韻)』같은 책) 모든 한문글자의 음을 다 국문으로 달았습니다. 성삼문으로 요동을 13번이나 왕래케 한 것은 한문글자 음운을 물어 질정차(質定次) 한 것이요, 국문자 만들기를 묻는 일이 아니었습니다.

9 문 : 훈민정음이란 뜻이 무엇인가?

답 : 백성을 가르치는 바른 음(表音文字)이란 뜻입니다.

10문 : 국문을 만들지 말게 하던 사람이 누구들인가?

답 : 여러 중신들과 집현전 학사들이 많이 그렇게 하였습니다.[8]

---

8 《가정잡지》, 1-2호, 1906년 7월 25일.

10장

국치 망국을 겪으면서

국치 겪으며
한글연구에 더욱 매진

◇

시대의 굴곡을 겪으면 굴절하는 사람이 있기 마련이다. 조선왕조는 성리학을 경국의 이데올로기로 해서 500년 왕조를 유지하였다. 성리학을 압축하면 충(忠)과 효(孝)이다. 우리말로 바꾸면 나라에 충성하고, 부모에 효도한다는 뜻이다. 이같은 가치는 을사늑약과 경술국치를 겪으면서 증발되고 말았다.

왕족과 유학자이기도 한 대신·중신들은 일제로부터 작위를 받았다. 전국의 내노라하는 서당의 유생 700여 명 역시 일제로부터 적지 않은 은사금을 챙겼다. 매천 황현을 비롯하여 몇 명의 선비들이 순국하여 그나마 성리학의 맥이 유지되었다고 할까. 따지고 보면 애꿎은 성리학에 책임을 물을 순 없을 것이다. 조선조 선비들이 성리학에만 매몰되어 성리학은 일종의 근본주의가 되고, 선비들이 교조화한 데 보다 큰 원인이 있을 것이다.

망국의 쓰나미에도 선비의 숨결은 남아 있었다. 진정한 유학도는 목에 칼이 들어와도 굴절하지 않는 선비정신에 있다. 주시경을 '선비'라 부르기는 잘 어울리지 않는 대목도 있다.

그의 개혁성과 진보성향, 무엇보다 '한자시대의 선비상'과는 걸맞지 않는 한글연구가이기 때문이다. 그렇지만 '참선비'임에는 틀림이 없다. 선비가 별 것인가, 진정한 '선비정신'을 구현하는 사람이면 선비라 불러도 무방할 것이다.

개국 이래 최초의 국치를 현실로 맞은 주시경은 참담한 심경으로 하던 일을 계속하였다. 더러는 폐쇄되기도 했으나, 아직 병탄 초기라 남아 있는 학교와 학당도 적지 않았다. 신학문을 갈망하고 우리말과 우리글을 배우려는 학생들의 열기도 뜨거웠다.

교실에는 어느 시간이든지 거의 빈틈이 없을 만큼 학도들이 들어앉아 주 선생의 강의를 듣는다. 한눈을 팔거나, 하품을 하거나, 이야기를 하는 따위야 이 교실에서는 애초부터 볼 수 없는 일이다. 다만 들리는 것은 선생의 다정스러운 말소리나 예서제서 삭삭이는 연필소리 뿐이다.

좀 갸름한 듯하고 넓으신 선생의 얼굴에는 언제든지 엄숙은 하시면서도 보드랍고 살가운 빛이 은은히 나타난다. 선생이 웃으시는 것도 별로 볼 수 없으려니와 또한 선생이 성내시는 것도 볼 수 없다. 그리고 선생의 눈에는 애정이 넘치는 듯하며, 그 푸대하신 몸피며, 엄전하신 풍채가 모두 보는 사람으로 하여금 스스로 경복하는 마음을 나게 한다. 선생의 말씀은 웅변은 아니다.

눌변도 아니다. 어느 때 어느 문제를 가지고 말씀을 하시든지 듣는 사람으로 하여금 염증이 아니 나게 하고, 늘 떳떳하게 진실하게 느끼게 한다. 그리하여 선생의 말씀에도 선생의 성격이나 행동이 곧잘 보인다. 과연 선생은 인격 그것으로도 그때 제일인이었음에 틀림이 없었다. 당시의 학생이었던 이병기는 이렇게 회고하고 있다.[1]

주시경은 나라를 잃은 망국노로서 비탄과 자학만 하고 있을 수 없었다. 독립협회와 신문사 그리고 학교와 교회 등에서 알게 된 애국지사들과 은밀히 만나 여러 가지 상의를 하는 한편 청소년들에 대한 우리말과 우리글 그리고 우리 역사를 가르치는 일에 게을리하지 않았다. 그에게는 무엇과도 바꾸지 않는 뚜렷한 '교육목표'가 있었다.

"스승의 교육목표는 두 가지로 요약할 수 있으니, 첫째는 우리말 그 자체를 정확하게 알고 정연하게 체계를 세워, 올바른 국어 사용을 하게 하는 목표요, 둘째는 국어를 통하여 자주정신과 민주정신과 과학정신을 기르려는 간접적 목표다."[2]

---

1 『한국의 인간상』 4권, 475~476쪽.

자기 나라를 보존하며 자기 나라를 일으키는 길은 나라의 바탕을 굳세게 하는 데 있고 나라의 바탕을 굳세게 하는 길은 자기 나라의 말과 글을 존중하여 쓰는 것이 가장 중요하므로 자기 나라의 말과 글이 어떤 나라의 말과 글만 같지 못하더라도, 자기 나라의 말과 글을 갈고 닦아 기어이 만국과 같아지기를 도모해야 할 것이거늘, 우리는 단군 이래로 덕정을 베풀던 그 훌륭한 말과 글자를 연구한 일이 없다.

이때를 당하여 외국의 말과 글은 바람을 탄 물결처럼 몰려 들어오고, 미약한 우리나라의 바탕은 싸움터에서 진 나라의 깃발처럼 빛을 잃고 줄어들 것 같으니, 오늘을 당하여, 나라의 바탕을 보존하기에 가장 중요한 자기 나라의 말과 글을 이 지경을 만들고 도외시한다면, 나라의 바탕은 날로 쇠퇴할 것이요 나라의 바탕이 날로 쇠하면, 그 미치는 바 영향은 측량할 수 없이 되어, 나라 형세를 회복할 가망이 없을 것이다. 이에 우리나라의 말과 글을 강구(講究)하여, 이것을 고치고 바로잡아, 장려하는 것이 오늘의 시급히 해야 할 일이다.[3]

---

2 이강로, 앞의 책, 132쪽.
3 주시경, 『조선어 문전 음학』, 5쪽, 이강로, 앞의 책, 132~133쪽, 재인용.

'한글' 이름 지은
주시경

◇

우리가 쓰고 있는 '한글'이란 명칭은 언제, 누구에 의해 처음으로 쓰여졌을까?

세종대왕이 창제할 때는 '훈민정음'이라 하였고, 이후 '정음(正音)', '언문(諺文)', '언서(諺書)', '반절(半切)', '암클', '국문(國文)' 등의 이름으로 불려져 왔다.

그러나 위 명칭 가운데 '암클'을 제외하고는 명칭의 뜻이 한자어로부터 유래한 것이다. 따라서 이는 문자의 정체성을 드러내는 데 썩 바람직하지 않은 것임이 분명하다. 결국 암클이라는 부정적 명칭을 대체할 만한 순한글 명칭이 있다면, 하는 아쉬움을 많은 사람이 가졌을 것이다. 그리고 그 순간 한글이라는 명칭이 등장한 것이다.[4]

조선시대 관학자들은 한문을 진문(眞文) 또는 진서(眞書)라 하고, 우리글은 언문 또는 암클이라 불렀다. 암클이란 아낙네(여성) 들이나 쓰는 글이란 비하였다.

한글학자 이윤재는 1930년대에 '한글'의 명명자(命名者)가 주시경이란 논거를 제시하였다.

이윤재는 한글 명칭의 창안자와 한글의 의미에 대해 연구하였다. 이윤재는 1930년, 1933년 두 차례에 걸쳐 주시경이 1910년경에 한글 용어를 창안하였다고 주장하였다. 1930년 「한글질의란(質疑欄)」(〈동아일보〉, 1930년 12월 2일)이라는 글에서 이윤재는 "한글의 유래를 말하자면 한 이십여 년 전에 한글 대가(大家) 주시경 씨의 명명(命名)으로 지금까지 써옵니다."라고 밝혔다.

1933년 그는 다시 '제일특집 여자 하기대학강좌, 제칠실 한글과 한글은 어떤 것인가'(《신가정》, 1933년 7월, 42쪽)라는 글에서 "한글이란 말이 새로 생기어서 일부에서 많이들 사용하고 있습니다. 이것은 한 이삼십(二三十)년 (이십삼 년의 오기-필자 주) 전에 우리글 연구의 대가 주시경 씨가 지은 말"이라고 밝혔다. 이로써 우리는 1935년 박승빈의 주장에 근거하여 최남선이 한글을 명명하였다는 학설(임홍빈의 주장)을 반박할 수 있게 되었다.[5]

세종대왕기념관장 등을 지낸 한글연구가 박종국도 주시경이

---

4   김흥식, 『한글 전쟁』, 287쪽, 서해문집, 2014.

최초로 '한글'이란 이름을 쓰기 시작했다고 그 논거를 제시했다.

　'한글'이란 이름은 주시경 님이 지어 쓰기 시작한 데에서 비롯된 것이나, 현재 남아 있는 최초의 기록으로는 신문관 발행의 어린이 잡지 《아이들 보이》의 끝에 가로글씨 제목으로 '한글'이라 한 것이 있다. 이 이름이 일반화하게 된 것은 '한글학회' 전신인 '조선어연구회'(1921년 12월 3일 창립)에서 1927년 2월 8일 창간한 기관지 『한글』을 발행한데 이어 또 훈민정음 반포 8주갑(週甲) 병인년(1926) 음력 9월 29일을 반포기념일로 정하여 '가갸날'로 명명한 뒤, 1928년에는 '가갸날'을 '한글날'로 고쳐 부르게 되면서부터이다. 그러나 공식적으로 인정받기는 1946년 10월 9일 '한글날'이 공휴일로 제정되면서부터라 하겠다. 그런데 이 '한글'이란 이름을 제일 먼저 지은 분은 신명균(1889~1941) 님이라고도 하고, 최남선(1890~1957) 님이라고도 하는데, 이는 믿을 만한 말이 못된다.[6]

5　박용규, 『이윤재』, 89쪽, 독립기념관, 2013.

6　박종국, 『세종대왕과 훈민정음』, 166쪽, 세종대왕기념사업회, 1984.

한글의 '한'은
민족고유 국호의 뜻 담겨

◇

주시경이 작명한 한글의 '한'은 고대 삼한 이래의 우리 국호의
고유명사이다. 이에 대해서는 이견이 없다.

'한글'이란 말의 '한'은 '바르다'·'하나'·'큰'·'으뜸'이라는 뜻
이다. 이에 대하여 이윤재 님은 말하기를, "역사를 상고하면 조선
고대 민족이 환족(桓族)이며, 나라 이름이 환국(桓國)이었습니다.
'환'의 말뜻은 곧 '한울'입니다. 조선 사람의 시조 단군(檀君)이 한
울로서 명칭이 된 것입니다.

그래서 '환'은 '한'과 같은 소리로 '한울'의 줄인말이 되었고,
그만 '한'이란 것이 조선을 대표하는 명칭이 된 것입니다. 고대에
삼한(三韓)이란 명칭도 이에서 난 것이요, 근세에 한국(韓國)이란
명칭도 또한 이에서 난 것입니다. "또 '한'이란 말의 뜻으로 보아

도 '크다(大)'·'하나(一)'라 '한울(天)'이란 말로 된 것입니다. 이러한 의미로 우리글을 '한글'이라 하게 된 것입니다. 한글의 '한'이란 겨레의 글, '한'이란 나라의 글, 곧 조선의 글이란 말입니다"라고 하였다.

이러한 것으로 볼 때 '한글'이란 우리글을 '언문(諺文)' 등 여러 이름으로 낮추어 부른 데 대해, 정당한 우리말 표기 글자란 뜻으로 권위를 세워준 이름이다. 그러므로 이 '한글'이란 이름은 세종대왕께서 처음 글자를 지으시고 '훈민정음'이라 명명하신 정신과 통하는 것이다.[7]

한때 학계 일각에서는 '한글' 명명자가 육당 최남선이라는 주장이 나왔다. 하지만 한글학자·한글연구가 대부분이 주시경이라는 데 의견이 모아진다.

일본인으로 한글에 남다른 연구와 애정이 깊은 노마 히데키(전 도쿄 외국어대학 교수)도 『한글의 탄생』에서 '주시경 설'을 지지한다.

현재 널리 사용되고 있는 '한글'이라는 명칭은 근대의 선구적인 한국어학자, 주시경이 명명했다고 전해지고 있다. '한'은 '위대한', '글'은 '문자' 혹은 '문장'이라는 뜻이므로 '한글'은 '위대

---

7 앞의 책, 167쪽.

한 문자'라는 뜻이라고 한다. '한'은 '대한제국'의 '한(韓)'이라는 설도 유력하다.[8]

한글연구가인 고영근은 보다 체계적으로 사료를 추적하여 한글의 명명자가 주시경임을 입증한다.

국권 상실 이전까지는 대부분 '국어, 국문'이란 말을 썼다. 그러나 주시경이 1910년 6월 10일에 발행된《보중친목회보(普中親睦會報)》1호에 기고한 글에는 '국어'와 '국문' 대신 '한나라말'과 '한나라글'로 되어 있다. 이 글은 '국어문법(國語文法)'의 '서(序)'와 '국문(國文)의 소리'를 한글로 바꾸어 쓴 것으로 짐작되는데 이는 '한국어(韓國語)'와 '한국문(韓國文)'에 대응되는 의미가 틀림없어 보인다. (중략)

'국어'가 '한나라말'로, 이것이 다시 '말' 내지 '한말'을 거쳐 보다 포괄적인 '배달말글'로 바뀌었음을 확인할 수 있다. (중략)

그러나 이 '배달말글'이란 말도 1913년 3월 23일에는 '한글'로 바뀌게 된다. 이 문제에 대해 「한글모죽보기」는 다음과 같이 적고 있다.

---

8 노마 히데끼, 김진아 외 옮김, 『한글의 탄생』, 33쪽, 돌베개, 2011.

1913년 3월 23일(일요일) 오후 1시, 임시총회를 사립 보성학교 내에서 열고, 임시회장 주시경 선생이 자리에 오르다.(중략) 본 회의 명칭을 '한글모'라 고쳐 부르고(중략) 이는 '배달말글음'으로 불리던 조선언문회의 창립총회의 전말을 기록한 것인데 여기서 주목하고 싶은 것은 '배달말글'을 '한글'로 바꾼 점이다.

이는 앞의 '한말'과 마찬가지로 1910년의 주시경의 글 '한나라말'에 나타나는 '한나라글'의 '나라'를 빼고 만든 것임에 틀림없다.(중략) (따라서) 현재로는 1913년 3월 23일을 '한글'이란 말의 최고(最古) 사용 연대로 보지 않을 수 없다.[9]

주시경은 1910년 6월 '한나라말'이란 짧은 글을 지었다. "주시경은 1910년에 발표한 '한나라말'이라는 글에서 '한나라글'이라는 표현을 사용하였다. 한글 명칭은 '한나라글'에 뿌리를 두고 있었던 것이다. 한글은 '한나라글'의 축약어로 볼 수 있다. 이는 1906년 6월 이전에 그가 일관되게 사용한 국문의 대용어로, 1910년에 들어와 한나라글을 사용하였다고 보여진다. 주시경에게 국문은 훈민정음을 지칭한 것이었다."[10]

---

9 고영근, 「'한글'의 유래에 대하여」, 김흥식, 앞의 책, 288쪽 재인용.
10 박용규, 앞의 책과 같음.

한나라말

주시경은 1910년 6월 보성중학 회보에 '한나라말'이란 짧은 글을 실었다. 국치를 내다보면서 나라의 말을 지키자는 의도였다. 전문을 소개한다.

　말은 사람과 사람의 뜻을 통하는 것이라. 한 말을 쓰는 사람과 사람끼리는 그 뜻을 통하여 살기를 서로 도와주므로, 그 사람들이 절로 한 덩이가 되고, 그 덩이가 점점 늘어 큰 덩이를 이루나니, 사람의 제일 큰 덩이는 나라라.
　그러함으로 말은 나라를 이루는 것인데, 말이 오르면 나라도 오르고 말이 내리면 나라도 내리나니라. 이러하므로 나라마다 그 말을 힘쓰지 아니할 수 없는 바니라.
　글은 말을 담는 그릇이니, 이지러짐이 없고 자리를 반듯하게 잡아 굳게 선 뒤에야 그 말을 잘 지키나니라. 글은 또한 말을 닦는 기계니, 기계를 먼저 닦은 뒤에야 말이 잘 닦아 지나니라.

그 말과 그 글은 그 나라에 요긴함을 이루 다 말할 수가 없으나, 다스리지 아니하고 묵히면 더 거칠어지어 나라도 점점 내리어 가나니라. 말이 거칠면 그 말을 적는 글도 거칠어지고, 글이 거칠면 그 글로 쓰는 말도 거칠어지나니라.

말과 글이 거칠면 그 나라 사람의 뜻과 일이 다 거칠어지고, 말과 글이 다스리어지면 그 나라 사람의 뜻과 일도 다스리어지나니라. 이러하므로 나라를 나아가게 하고자 하면 나라 사람을 열어야 되고, 나라 사람을 열고자 하면 먼저 그 말과 글을 다스린 뒤에야 되나리라.

또, 그 나라 말과 그 나라 글은, 그 나라 곧 그 사람들이 무리진 덩이가 천연으로 이 땅덩이 위에 홀로 서는 나라가 됨의 특별한 빛이라. 이 빛을 밝히면 그 나라의 홀로 서는 일도 밝아지고, 이 빛을 어둡게 하면 그 나라의 홀로 서는 일도 어두워 가나니라.

우리나라에 뜻있는 이들이여, 우리나라 말과 글을 다스리어 주시기를 바라고, 어리석은 말을 이 아래 적어 큰 바다에 한 방울이나마 보탬이 될까 하나이다.[11]

---

11 이 글은 1910년 6월 10일에 나온 《보중 친목회보》 제1호에 실린 글을 옮겨 실은 것이다. '보중'이란 '보성 중학'을 뜻한다.

망국의 그늘에서도

'개화선비'의
모습으로

◇

"인류가 지구상에 와서 살다 죽어간 것이 100만 년이나 되었지만, 문자를 사용하기 시작한 것은 6,000년밖에 되지 않았다."
-르네 에티앙블.

    우리 민족도 다르지 않았다. 고유한 말은 있었으나 글자(문자)는 없었다. 이두(吏讀)가 있었으나 조선어를 기록하는 데는 한자와 크게 다르지 않았다. 그래서 세종대왕이 훈민정음을 만들었다. 대왕은 절대군주이고 총명한데다 유능한 집현전 학자들이 있어서 정음의 창제가 가능했다. 하지만 수 백 년 동안 한자에 길들여진 조선의 유생 기득권 세력은 쉽게 호응하지 않았다. 여전히 언문이니 암클이니 하며 천시하였다.
    400여 년 뒤 한 무명의 청년이 세종의 정신을 이어받았다. 그에게는 권력이나 집현전 학자가 있을 리 없었다. 홀홀단신이고 간혹 선학과 동지 몇 명이 있었을 뿐이다. 그는 국난기에 한글이란 이름을 짓고 한글연구와 보급에 모든 것을 걸었다. 세종이 한글의 생모라면 주시경은 유모라 할 것이다. 천대받고 소외된 훈민정음이라는 자식을 씻기고 다듬어 키운 것이다.

세종이 아니었으면 한민족은 돌궐문(突厥文)과 여진문(女眞文)과 거란문(契丹文)을 갖지(지키지) 못한 돌궐·여진·거란족처럼 중화문자(문화)에 동화되고 말았을 것이고, 주시경이 아니었으면 한민족은 일본(일어)이나 미국(영어)에 동화되었을 지도 모른다.

일제가 대한제국을 병탄하면서 강제로 맺은 조약에서 "조선을 보호한다"고 하여, '보호조약'이라 이름을 붙였지만, 보호는커녕 억압과 수탈로 시종하였다. 조선총독부는 1911년 10월 『중등 본국 역사』를 비롯한 중고등 학생용 역사·지리·국어 책의 출판을 금지시키고, 11월 경무총감부는 《조선》 등 각종 간행물을 금지시키고, 지방 사립학교 100여 개를 폐교시켰다. 조선의 문화와 역사를 단절시키려는 시도였다.

주시경은 국치 이듬해 서울 박동에 있는 보성중학교에 '조선어 강습원(일요 강습소)'을 열었다. 마지막 사업이었다.

"소식을 들은 한성사범학교, 계성보통고등학교 등 서울 장안의 각급 학교에서 몰려든 청년 학생들에게 일요일마다 무료로 국어 국문을 강의하고 애국사상을 고취시켰다."[1]

제11장 망국의 그늘에서도

총독부의 살얼음판에서도 그는 조금도 주눅들지 않았다. 그리고 민족의 얼을 지키며 국어 교육을 계속해 나갔다. 이 시기 주시경의 제자였던 한글 학자 장지영의 회고담이다.

선생은 한평생을 두고 양복이란 것을 걸쳐 보신 일이 없으시다. 언제나 무명 두루마기(여름에는 베 같은 '도루마'라고 부르는 감으로 지은 두루마기)를 입으셨고, 물론 두루마기 아래에는 엷은 회색 바지저고리에 조끼를 바쳐 입으셨었는데, 모자는 제주 사람들이 말총으로 만든 총모자(중절모 같기도 하고 맥고모자 같기도 한, 그때로서는 개화한 사람들의 모자)를 많이 쓰셨다. 더운 여름에는 맥고모자를 많이 쓰셨다.

신발은 그 당시 양해라고 부르던, 지금의 구두를 신으셨었는데, 새 구두를 신으신 모습은 전혀 기억에 남지 않는다. 아마도 언제나 오래된 헌 구두를 신고 다니셨기 때문인 것 같다. 그리고 그때에는 양말이 없었기 때문에 비록 구두는 신식 가죽구두를 신고 다니셨지마는, 발에는 다른 사람들과 같이 꼭 버선을 신으셨다. 검소하고 청렴한 선비의 모습 그대로였다. 다만 선생의 모습에서 잊혀지지 않는 것은 커다란 책보퉁이다.

그때 세상은 개화의 물결이 한층 더 강하게 국민들의 교육열

---

1 『나라사랑』, 제4집, 26쪽.

을 부채질해 주어서 서울에만도 배재학당·이화학당을 비롯해서
정신·보성·숙명·진명, 그러고도 융회·기호(지금의 중앙)·서복
등 여러 중학교가 있었다. (소학교는 동네마다 있었다)

그런데 이 많은 중학교의 국어시간을 선생은 혼자서 도맡아서
국어 강의를 하고 다니셨다. 그도 그럴 수밖에 없었던 것이, 그
당시 우리말을 학문으로 알고 올바로 연구한 사람이라고는 주시
경 선생 한 분 밖에 없었기 때문이다.[2]

그는 가장 먼저 단발을 하고 개화운동에 앞장서면서도 양복을
거부하고, 조선옷으로 시종하였다. 동도서기(東道西器)의 상징적
인 모습이다. 서양의 제도와 문물을 배우더라도 정신만은 민족의
얼을 지키겠다는 결기였을 것이다. 조선선비의 정맥을 이은 '개
화선비'였다.

조선선비의 본질은 불의한 권력에 휘둘리지 않고, 무쌍한 변
화에 휘몰리지 않고, 잘못된 세태에 뇌동하지 않는 것이다. 얼어
죽더라도 겻불은 쬐지 않고, 굶더라도 담을 넘지 않는 청빈을 지
킨다.

---

2 장지영, 「지금도 눈앞에 뵈옵는 듯…」, 『나라사랑』, 제4집, 54~55쪽.

'남산골 딸깍발이'
선비처럼

◇

그는 남산골 딸깍발이였다. 딸깍발이란 신이 없어서 마른 날에도 나막신을 신는다는 뜻으로 가난한 선비를 가리키는 말이다. 일본 사람을 야유하여 일컫기도 하는 '쪽발이'와 동의어로 쓰이기도 하지만, 원형은 조선의 가난한 선비를 가리키는 말이었다.

주시경의 제자로서 한글학회 사건으로 곤욕을 치르기도 했던 한글학자 이희승의 글에 '딸깍발이'가 있다. 거기에 한 대목이다.

겨울이 오니 땔나무가 있을 리 만무하다. 동지설상 삼척냉동에 변변하지도 못한 이부자리를 깔고 누웠으니 사뭇 뼈가 지려 올라오고, 다리 팔 마디에서 오도독 소리가 나도록 온몸이 곤아오는 판에, 사지(四肢)를 웅크릴 대로 웅크리고 안간힘을 꽁꽁 쓰면서 이를 악물다 못해 박박 갈면서 하는 말이, "요놈, 요 괘씸

한 추위란 놈 같으니, 네가 지금은 이렇게 기승을 부리지마는, 어디 내년 봄에 두고 보자"라고 벼르더란 이야기가 전하지마는, 이것이 옛날 남산골 '딸깍발이'의 성격을 단적으로 가장 잘 표현한 이야기다. 사실로 졌지마는 마음으로 안 졌다는 앙큼한 자부심, 꼬장꼬장한 고지식, 양반은 얼어죽어도 겻불은 안 쬔다는 지조, 이 몇 가지가 그들의 생활시조였다.[3]

'딸깍발이 선비'는 바로 주시경과 같은 사람을 말한다. 조선왕조에서 출생하고 대한제국에서 살다가 본의와는 상관없이 일제 식민지의 신민이 된 불우한 지식인, 그것도 한글운동에 모든 것을 건 외곬 선비의 생활은 궁핍하기 그지없었다. 여러 곳에서 강의를 하였으나 대부분 무료여서 수입이 거의 없었다.

원체 가난한 살림이라 언제나 도시락을 싸들고 다니셨다. 그것도 지금 같이, 예쁘장하고 간편한 도시락이 아니라 노끈으로 꼬아서 엮은 노끈 망태기에다가 밥 담긴 놋주발을 주발 채 넣고 그 위에 반찬그릇, 그리고 그 옆에 숟갈과 놋젓갈을 꽂아서는 한 손에 들고 했으니 아무리 좋게 보아드리려 해도 멋진 모습이었다고는 말씀드릴 수 없는 모양이시었다.

도시락이 든 노끈 망태기보다도 책을 싼 큰 책보퉁이가 커서,

---

3 『일석 이희승 딸깍발이 선비』, 26~27쪽, 신구문화사, 1994.

그리고 언제나 꼭 들고 다니셨기에 언젠가 모르게 학생들 사이
에 '주보퉁이'라는 별명이 생기고 말았다.

　그러나 선생은 전혀 탓하지 않으셨다. 검소하고 청빈한 것을
조금도 부끄러워하시지 않으셨고, 그렇다고 자랑으로 생각하시
지도 않으셨다. 한 말로 한글 연구에 몰두했었기 때문에 모든 일
에 범연했던 것이다.[4]

　선대로부터 물려받은 유산도 없고 그렇다고 재물을 모으는 수
완도 없는 딸깍발이 선비의 살림살이는 말이 아니었다. 옛부터
궁함을 견디지 못해 지조를 판 선비가 많았고, 당시에도 그리하
는 민족주의자도 적지 않았으며, 뒷날 학생운동·민주화운동 출
신 중에서도 독재·부패정권으로 훼절한 자들도 많았다.

　그 범연했던 태도를 증명해 주는 것이 선생이 사시던 상동의
집이었다. 말이 집이지, 글자 그대로의 오막살이 초가집 한 채인
데, 그 집도 상동교회 뒤로 돌아가다 언덕 아래에 있는 집이라,
그리고 아주 앞뒤가 꽉 막힌 집이었기 때문에 낮에도 촛불을 켜
야 책을 볼 수가 있었다.

　그 좁고 어두운 방에서 촛불을 켜놓고 훈민정음이나 『불경언

4　장지영, 앞의 책, 56쪽.

해』 같은 책을 일일이 붓으로 베껴서 쓰시는데, 그것도 백지로
맨 책이라 지금 만년필이나 볼펜으로 베끼는 것 같이 쉬운 일은
아니었다.

가난하시어, 영양을 충분히 취하지도 못하는 데다가, 한 주일
에 40여 시간이나 되는 강의를, 그것도 한 학교에서 하는 것이
아니고, 여기저기 온 장안을 헤매다시피 찾아 다녀가며 하시는
일이라 몹시 피곤하실 텐데, 그 위에 또 집에 돌아와서는 책을 새
로 베끼고, 또 연구를 계속 하시고 했으니, 서른아홉이라는 젊은
나이에 가신 것도 까닭 없는 일은 아니라 해야 할 것이다.[5]

주시경이 젊은 나이에 갑자기 숨을 거둔 것은 밝혀지지 않은
일제의 음모가 있었을 것 같지만, 빈한으로 인한 영양실조와 과
도한 연구·강의로 겹친 과로도 원인이었을 것이다.

---

5 앞과 같음.

제자들 해방 뒤 남북한에서
한글 지킴이로

◇

학자의 본문은 학문을 연구하고 가르치는 일이다. 아무리 훌륭한 연구를 많이 했더라도 스승의 학문을 계승하는 제자를 두지 못했다면 유능한 학자라고 치기 어려울 것이다. 일반적으로 성공한 스승과 제자의 관계를 소크라테스→플라톤→아리스토텔레스를 꼽는다.

주시경의 곁에는 유능한 제자들이 모여들었다. 한글운동은 그런 제자들에 의해 엄혹한 일제강점기에도 맥과 숨결이 이어지고, 해방 뒤 분단된 남북한에서도 '한글 지키기'가 그의 제자들에 의해 이루어졌다. 북쪽으로 간 수제자가 김두봉이었다면, 남쪽의 수제자는 최현배일 것이다. 남대문 안 상동예배당에서 열린 조선어강습회와 보성학교 안에 있는 조선어강습원 등에서 주시경의 강의를 들었던 최현배의 증언을 들어보자.

내가 이렇게 열심히 조선어를 공부하고 저 스승님의 강연(講筵)에 빠지지 아니하였음은, 오로지 스승님의 열렬한 조선어연구 및 애호의 대지(大志)와 그 몰아적 교육정신과 일이관지(一以貫之)하는 인격의 감화의 소원(所願)이라 생각한다.

스승님은 일찍 갑오경장 이후의 정치운동에도 뜻한 적이 없지 아니하였으나, 그보다도 말과 글을 닦아서 조선어문화(語文化)의 기초를 벼르며, 청년을 교육하여 장래 발전의 원동력을 지음이 결망(結網)의 근본책이 됨을 깨치고자, 아침부터 밤까지 조선말의 연구와 교수에 전력을 다하셨다.[6]

나라 잃은 국망치주에 애국하는 방법이 여러 갈래였을 즈음, 그는 오로지 '장래 발전의 원동력'인 청년들에게 우리말을 가르치고 민족혼을 심어주는데 진력하였다. 그런 노력과 정성이 결코 헛되지 않아서 유능한 제자들이 분단 뒤에도 남북에서 한글운동의 첨병이 되었다.

주시경의 배재학당 제자로서 한글운동과 광문회에서 『붉은 저고리』, 『청춘』 등을 편집하고 대종교에서도 활약했던 김두봉은 중국으로 망명, 상하이에서 『깁더 조선말본』을 출판하고 임시정부 산하 임시사료 편찬회 편찬위원, 김구 등이 설립한 상하이 인

---

6 최현배, 「겨레의 스승」, 『나라사랑』, 제4집, 183쪽.

성학교 교장, 민족혁명당 결성, 연안으로 옮겨서 무장항일투쟁, 해방 뒤 북한에서 한글운동을 전개하고 조선최고인민회의 상임위원회 위원장을 맡았다. 그리고 1958년 반당종파분자로 지명되어 축출되었다.

김두봉을 연구해온 심지연 교수는 그의 한글연구는 스승 주시경으로부터 영향을 받았다면서 다음과 같이 썼다.

그는 1913년부터 한글연구에 몰두했는데, 이에는 스승인 주시경의 영향이 매우 컸다고 할 수 있다. 주시경은 교육자요 한글학자이기 이전에 우국지사로서 독립협회에서 진보세력의 중추로 보수세력에 대항했으며 〈독립신문〉의 간행을 도맡기도 했다. 스승인 주시경이 우리말본을 짓고 가르치는 일에 온 정성을 다하는 동안 김두봉은 사전 만드는 일에 모든 힘을 기울이고 있었다.

그러나 그의 스승이 1914년 7월 27일 갑자기 세상을 떠나자 그는 스승이 못다한 일을 이어받아 그것을 더 넓히고 더 열어서 우리의 말과 글과 얼이 묻히지 않고 영원히 자랄 수 있는 기틀을 다지기 위해 『조선말본』을 저술했다.[7]

김두봉은 『조선말본』의 머리말에서 스승의 위업을 기리면서

---

7   심지연, 『김두봉』, 23~24쪽, 동아일보사, 1992.

다음과 같이 썼다.

나는 이 말본을 이렇게 빠르게 만들라고는 아니하였고 다만 '말모이' 만들기에만 얼을 바치었더니 슬프다 꿈도 생각도 밖에 지난 여름에 우리 한힌샘 스승님이 돌아가시고 이답지 못한 사람이 말본까지 짓기에 이르렀도다. 스승님이 계실 때 이미 박아 낸 『조선 말글본』이 있었으나 이는 지은 지 너무 오랜 것이므로 늘 고쳐 만드시려다가 가르치시는 일에 너무 바빠 마침내 이루지 못하고 돌아가셨으므로 이제 말본이 매우 아쉬울 뿐더러… 이에 작은 힘을 돌아보지 않고… 힘자라는 데까지는 조금 조금씩이라도 더 열어가면서 이 다음에 참 훌륭한 사람이 나시기를 기다리는 뜻이로다.[8]

---

8   김두봉, 『조선말본』, 1~2쪽, 신문관, 1916.

'두루때글'이란
멸칭 들으면서도

주시경의 독특한 행보에 비방하는 사람도 적지 않았다. 적대시하거나 심지어 그의 한글연구는 '두루때글'이란 욕설적인 별명을 만들어 유포시켰다.

"스승께서는 그의 지은 책에 되도록 우리말을 썼고, 우리말이 없으면 손수 만들어 썼기 때문에 당시의 고루한 썩은 선비들의 미움을 샀다. 그리하여 스승의 성이 두루 주(周) 자이므로 '두루'를 따고, 이름의 윗 글자가 때 시(時) 자이므로 그 뜻의 '때'를 따고, 이름의 아래 글자가 글 경(經) 자이므로 '글'을 따서 주시경(周時經)의 뜻풀이로 '두루때글'이라고 욕삼아 별명을 지었다 한다."[9]

---

9   이강로, 앞의 책, 121쪽.

주시경은 그러거나 말거나 썩은 선비들의 '언어유희'에 관심을 두지 않았다. 국권을 상실한 마당에서 한글 지키기와 민족의 자주성 회복이 무엇보다 선결과제였기 때문이다.

스승은 종래의 한문세력과 새로운 서구문화 사이에서 자기의 설 자리를 정확하게 정립시키었다. 얼마나 자주적 정신이 뚜렷한가? 여기에 겹쳐 일본세력이 우리나라를 완전히 지배하여 정치적으로 예속당한 것은 물론, 일본세력이 사회, 문화, 경제 등에 속속들이 파고 들어 목을 조르고 있는 암담한 현실에서, 스승의 교육관은 한문제일사상, 문화맹종사조, 일본의 끈질긴 침략정책들을 분쇄하고, 우리나라를 정신적 침략에서 구제하려고 몸부림쳤다.

그 길은 우리문화를 바탕으로 하여 근본을 굳건히 다져서 어떠한 정신적, 문화적 침략에도 견딜 수 있는 정신력을 기르는 길밖에 없고, 그렇게 하자면 급선무가 우리말과 글을 우리 겨레에게 가르치고 보급시켜서 자기 위치를 찾게 하는 길밖에 없다는 이런 신념이 바로 국어교육으로 나타났다.[10]

주시경은 이즈음 「큼과 어려움」이란 시를 지었다. 읽을수록 의

---

10 앞의 책, 130~131쪽.

미가 각별한 내용이다. 지은 이의 시대적 아픔과 결연한 의지가 읽힌다.

큼과 어려움

적음으로 큼을 이루고
쉬움으로 어려움을 하나니
큼을 적음에서 꾀하고
어려움을 쉬움에서 힘쓸지로다
큼을 적음에서 꾀하며
어려움을 쉬움에서 힘쓰는 이는
일어날 것이요
큼을 적음에서 웃으며
어려움을 쉬움에서 잊어버리는 이는
넘어지리로다.[11]

---

11 『나라사랑』, 제4집, 뒷 표지.

국학연구가 안확의
'한글' 명칭 비판

◇

주시경의 한글운동에 '썩은 선비' 부류가 아닌 국학을 연구하는 학자가 비판하고 나왔다. 자산(自山) 안확(安廓)이다. 주시경보다 10년 아래였으므로 서로 만났을 수도, 또는 그의 강의나 저서에 접했을 수도 있었을 것이다. 안확은 '주씨 일파의 곡설(曲說)'이라는 심한 표현까지 썼다. 먼저 이와 관련한 논고를 살펴보자.

편의상 명칭 문제에 대해서 먼저 말하면 자산은 '한글'이란 새 이름을 짓는 일은 부질없다고 생각하였다. 이에는 그럴만한 이유가 있었다. 요컨대 '언문(諺文)'에는 한자에 비하여 낮게 보는 뜻이 있는 것이 아니므로 이것을 꺼릴 필요가 없다는 것이 그의 주장이었다.
이러한 그의 주장은 일찍부터 있었던 듯, 그는 내처 '언문'을 고수했으며 논문(22)에서 그의 생각을 요약하여 표명한 바 있다. 이 논문에서 자산은 먼저 "세종대왕이 흠정하기는 훈민정음이라 하였으나 실층으로는 언문이라 하였다"고 지적하고 "언문이라 함은 고대인의 성명과 여한(如)한 것이니 후인이 그것을 변작한 다기는 심히 괴이한 일"이라고 하였다. 그는 특히 언문을 '한글'이라 개명하는 것을 "평민이 양반을 선망하여 행렬자로써 본명을 개(改)함"에 비유하면서 이런 개명으로 그 가치가 "천하세계에 제1대 문자"가 될 리는 만무하다고 꼬집기도 하였다.[12]

일제강점기 『조선문법』과 『조선문학사』, 『조선문명사』 그리고 해방 뒤 『조선평민문학사』 등을 저술하고 국학 전반에 걸쳐 정력적인 연구를 해온 안확은, 1914년 일본에 건너가 일본대학 정치학과에서 수학하고 조선유학생들이 발간하는 『학지광(學之光)』에 '조선어의 가치'를 발표하였다.

근대 주시경 씨가 출(出)하여 차(此)에 전력하고 우(又) 학생으로 하여금 언어 연구열을 고취한지라. 연(然)이나 씨는 불행히 조서하였으며 기타 학자는 혹 어음(語音)을 성지(聲理)로 해(解)치 않

---

12 이기문, 「안자산의 국어연구, 특히 그의 주시경 비판에 대하여」, 『주시경 학보』, 제2집, 91~92쪽.

고 문자형을 의하여 해(解)하며 우 혹자는 현대 수만의 외래어를 일절 폐지하고 고대어를 사용하자는 곡론(曲論) 불합리설을 창(唱)하므로 상금까지 진정한 언어학자가 무(無)하여 신성한 조선어로써 만어(蠻語)가 되게 하고 오히려 외국학자에게 그 연구를 양(讓)케 되었으니 어찌 통탄치 않으리오.[13]

안확은 주시경의 '한글' 이름 짓기에도 못마땅했던 것 같다. "언(諺)은 곧 문기어(文記語)가 아니요 구음어(口音語)라 함이요 우(又)는 성인의 특훈이 아니요 민중의 격언이라 함이라 차는 양의(兩義)에 빙하여 언문의 본의를 해하면 표음문자로서 사회일반에 통합한 평면적의 문자라 할 것이다."[14]

"안확은 '언문'이 도리어 민중의 문자를 부르는 명칭으로서 적합하다고 본 것이다. 오늘날은 '한글'이 일반화되어 있으나 '언문'의 본의도 반드시 밝혀져야 할 것이니, 자산(自山)의 해석이 무시되어서는 안 될 것이다"[15]라는 평가도 가능하다. 그러함에도 불구하고 안확의 「주씨 일파의 곡설」의 결론 부문은 지나치게 과장하거나 사리에 맞지 않는 것 같다.

---

13 안확, 「조선어의 가치」, 『학지광』, 1915년, 여기서는 이기문 앞의 책, 88~90쪽, 재인용.
14 이기문, 앞의 책, 92쪽, 재인용.
15 앞과 같음.

주씨 일파의 곡론은 문자와 언어를 혼용하며 어떠한 감정에 자함(自陷)하여 괴벽한 언론을 주장하니 학생에게 취하여는 오히려 해만 있는 이는 없는지라, 관컨대 조선어는 조선문으로 기(記)하여야 된다 하여 조선문법은 조선 본토어만 사용하기로 목적한다 하는 피견은 실로 정구죽천(丁口竹天)이라.

여차한 무리의 주장으로서 학생을 교(敎) 하였으매 이래 10년래 조선문법을 학(學)한 학생은 오직 기로에 함하여 도리어 귀찮은 감상을 기(起)하여 문법의 원리 원칙은 하나도 불지(不知)하게 된 것 같더라.[16]

---

16 앞의 책, 96쪽, 재인용.

12장

생애의 마지막 길

조선어강습원에서
마지막 열정 바쳐

◇

주시경이 보성중학교에 '조선어강습원'을 열고 장안의 청년들을 불러모아 한글을 가르치고 있을 때, 일제는 조선의 영구한 식민지배를 노리고 지배체제를 강화시켜 나갔다. 조선인이 옴짝달싹하지 못하도록 법제를 만들었다. 주요 내용을 정리하면 다음과 같다.

1911년 6월, 사찰령 공포, 주지 취임을 허가제로 하여 불교를 총독부 통제 하에 둠.

6월, 산림령 공포, 조선인 산림 소유권 제한, 일본인의 산림 소유권 인정.

8월, 조선교육령 공포, 일왕에 충성하기 위한 신민양성과 일본어 보급 목적.

10월, 사립학교 규칙 공포, 사립학교 설립·교사 채용
·교과목·교과서 총독 허가.
1912년 3월, 조선민사령·형사령·감옥령·태형령 공포.
8월, 토지조사령과 시행규칙공포, 총독부 조선 토지조
사 시작.

일제는 이와 함께 1911년 1월 이른바 신민회사건을 날조하여, 민족주의 계열 인사와 기독교인 600여 명을 검거했다. 투옥자 대부분이 사상전향을 강요받았으며, 지독한 고문으로 2명이 목숨을 잃었고, 다수가 불구자가 되었다. 결국 1912년 5월 그 중에 122명이 기소되었으며, 9월에 105명이 각각 징역 5~10년의 유죄 판결을 받았다. 이를 '105인 사건'이라고 부르는 까닭이다.

105인 모두가 고등법원에 항소하여 양기탁·이승훈·윤치호 등 6명을 제외한 99명이 무죄 판결을 받았다. 이로써 총독암살 미수사건은 조작된 것임이 입증되었다. 일제는 민족운동의 뿌리를 뽑고자 사건을 날조한 것이다. 그러나 이 사건으로 신민회가 해체되고, 국내의 민족운동도 큰 타격을 받았다. 주시경은 지인들의 고난을 지켜보며 망명을 결심하게 되었다.

주시경의 제자로 조선어강습원 제1회 졸업생인 신명균이 1938년 「나의 스승을 말함」이라는 신문 인터뷰에서, 이 시기의 스승에 대한 회상을 밝혔다. 주요 부분을 발췌한다.

"선생이 주시경 선생의 직계 제자라시던데요?" 하고 기자가 말을 꺼내니, 신 씨는 귀가 번쩍 뜨이시는 모양이다.

"선생의 학설을 이어받은 제자는 못됩니다만, 선생을 가장 가까이서 모시고 있은 것은 아마 나일까 합니다."

"주 선생을 아신 것은 어느 때부터였습니까?"

"내가 한 이십 되었을 때니까, 주 선생이 삼십오세 때인가 합니다. 그때 선생이 전 보성학교 자리에 조선어학원이란 것을 개교하고, 거기서 교수를 하고 계셨습니다. 나도 그때 그 학생의 한 사람이었지요."

"그때 또 누가 계셨던가요?"

"최현배 씨, 권덕규 씨, 김두봉 씨, 장지영 씨, 아니 장지영 씨는 아니군."

"박승빈 씨는 안 계셨던가요?"

"박승빈 씨는 안 계셨습니다."

"그러면, 주시경 씨와 박승빈 씨와는 학설에 관한 토론이 그전부터 있지 않았습니까?"

"그렇죠. 주 선생이 생존하실 때는, 박승빈 씨가 우리말에 관한 연구를 하신다는 것도 몰랐으니까요. 지금 와서 박승빈 씨 설이 나왔다는 것도 주 선생은 모르실 것입니다."

"주시경 씨는 어느 분의 학설을⋯."

"아니지, 주 선생이야 자기가 혼자서 연구에 착수하셨지요. 지금은 다들 한글이나 우리말이니 하지마는, 그때만 해도 우리말을 연구한다면 특수한 사람으로 들릴 땝니다. 선생이 처음 이희종이란 어른께 한문을 배우다가 해석을 조선말로 하는 것을 들으시고, 그러면 결국 글이란 말의 기록인데 우리말을 두고 이렇게 어려운 한자를 배울 필요가 어디 있느냐고 연구에 착수하셨다니까요."

"주 선생의 성격은?"

"그저 강직했지요. 청렴하기 그지없었고, 일평생 술과 담배를 입에 안 대신 어른이십니다. 뭣이요? 아니지. 그러시면서도 일체의 살림을 혼자 도맡아 하시었지요. 한 번 수창동으로 이사를 하셨는데, 가보니까 몸소 기둥을 닦고 도배를 하고 마루를 훔치고 하십니다."

"주 선생에 관한 일화로 혹 지금도 생각나시는 것은 없으십니까?"

"글세… 일화… 아, 한 번 이런 일이 있었습니다. 누가 작고하셨던 지는 잘 기억이 안 되나 선생이 상주가 되셨을 적에 우리가 문상을 갔더니, 조그만 종이쪽을 내보이십니다. 조선에서는 "상사말씀 무슨 말씀 하오리까?"라고 하면 상주는 입 속으로 어물어물할 것이 예인데, 선생은 "아버지를 여윈 내가 무엇이라 하리까?"라든가 하여튼 이런 것을 아주 써 가지고 계십니다."

"식성은 어떠셨던가요?"

"원래 청렴한 분이라 생활도 검박해서 별로 어떤 것을 좋아하셨는지 모르겠습니다마는 중국요리를 잘 잡수신 것만은 기억됩니다."

"주 선생이 언제 작고하셨던가요?"

"벌써 이십여 년이나 되지요. 천재란 단명하는가 봅니다. 삼십구 세에 돌아가셨으니까."

"난 가끔 그런 생각을 합니다. 우리말에 관한 의문이 생기면 선생이 조금만 더 사셨더라면… 하고, 그런다면 지금 와서 새삼스러이…."

신 씨는 가만히 눈을 감았다.

"내가 선생님을 아끼는 마음은 사제간의 정의(情誼)도 정의려니와, 우리를 선생의 완전한 계승자로 만들어 놓지 못하고 돌아가신 게 원통합니다. 선생의 그 무서운 정력(사실 주시경 선생은 천재라기보다는 정력가시지요. 그 정력이란 무서웠으니까.) 만이라도 우리가 나누어 가졌어야 할 텐데…."

신 씨는 다시 한 번 눈을 감았다. 그러나 이렇게 말하는 신 씨의 얼굴에는 그 '무서운 정력'이 그대로 나타나 보였다.[1]

---

1 〈동아일보〉 1938년 1월 28일자, 최철호, 「주시경에 관한 신명균의 글 역자」, 『주시경 학보』, 제3집, 264~267쪽.

망명준비 중 39살로
갑자기 숨져

◇

분단 이후 열전과 냉전·신냉전을 차례로 치르면서도, 남북에서
는 함께 존중하는 근현대 인물이 있다. 주시경·홍범도·안중근
·신채호가 그분들이다. 북한에서는 김두봉 등 한글운동 출신 독
립운동가들의 역할로 해방 후 한글전용을 하게 되면서 주시경이
존경의 대상이 되었다.

망국조약을 계기로 많은 동지들이 체포·감금당하고, 혹은 해
외로 망명하여 버리었다. 주시경 선생은 아주 고독한 사람이 되
었다. 이 망국조약은 그가 요절하게 되는 직접 원인이 되었다. 이
망국조약 후 조선광문회가 설립되자, 그는 그곳에서 교정과 조선
어 자전 편찬 사업을 떠맡게 되었다. 그러나 그것이 그다지 용이
한 일은 못되었다.

왜냐하면, 첫달부터 일본 제국주의는 일찍이 세계 역사상에 그 례를 볼 수 없는 극악한 중세기적 공포정치를 하여왔기 때문이요, 조선 민족의 일체의 권리와 자유를 박탈하고 조선 민족을 노예로 만들려 했으며 … 주시경 선생은 이러한 역경에서 자기의 뜻을 펴지 못하고 우울과 초조 가운데서 쓸쓸한 생활을 하다가, 결국은 1914년 7월 27일에 39세를 일생으로 한 많은 세상을 버리게 되었다.[2]

많은 동지들이 해외로 떠났다. 더 이상 국내에서는 국권회복운동을 하기 어려웠다. 신채호·박은식·이회영·이상룡·홍명희·정인보·이동휘 등이 국치를 전후하여 앞서거니 뒤서거니 하며 해외로 망명하였다. 대종교의 김교헌 등 지도부도 중국으로 교단을 옮겼다. 주시경은 망명을 결심하고 신변 정리에 나섰다. 망명지는 대종교 교단이 있는 만주 쪽이 아니었을까 추론된다.

그동안 열정을 바쳐온 조선어강습원에서 1912년 3월 중등과 1회에 이규영·이병기·권덕규·박승두·신명균·최현배·윤복영·송창희 등 125명을 수업시켜서, 1913년 3월에 최현배·신명균·이병기·윤복영·김두봉 등 33명이 졸업하였다.

---

2 신구현, 「주시경 선생의 생애와 업적」, 『조선어 연구』, 제1권 제4호, 평양, 1949, 『주시경 학보』 제6집, 250~251쪽.

주시경은 망명을 준비하면서도 조선어강습원은 계속 운영하여, 1914년 3월의 제2회 졸업식에서 21명을 배출하고 39명을 새로 입학시켰으며, 4월에 『말의 소리』를 신문관에서 간행하였다. 그리고 조선어강습원을 순우리말 '한글배곧'으로 개칭하고, 7월에 하기 강습소를 경남 동래에 개설하여 강사로 최현배, 동래군 범어사 내에 사립정명학교를 개설하여 권덕규를 각각 강사로 보내어 한글교육을 가르치게 하였다.

그러던 중 1914년 7월 27일 금요일 상오 6시, 서울 수창동 150번지 자택에서 주시경은 허로증(虛勞症)이라는 병명으로 눈을 감고 말았다. 39살, 아직 할 일이 많이 남은 나이이고, 누구도 예측하지 못한 죽음이었다. 그동안의 과로와 영양실조, 여기에 국치라는 정신적 타격이 겹친 사인이었을 것이다. 하지만 그리 쉽게 눈을 감을 줄 누가 알았을까.

이 무렵을 전후해서 선생의 동지들은 왜정이 꾸미어낸, 데라우찌 총독 암살 음모라는 소위 '105인 사건'으로 거의 옥에 갇혔거나, 왜정의 탄압을 피해 독립운동을 계속하기 위하여 외국으로 망명하였기 때문에, 서로 뜻을 나눌 만한 동지가 없었으므로, 선생도 해외 망명하기로 결심한다. 학생들의 하기 휴가 때를 이용해서 선생은 고향으로 내려가 부모와 친척에게 망명의 길을 떠난다고 하직 인사를 하고 서울로 돌아와서 망명의 길에 오를 준비를 하던 중, 뜻밖에 급성 체증에 걸리어 수창동 자택에서 급작스레 숨을 거두고 마니 때는 7월 27일 오전 6시, 선생의 나이는 이제 겨우 서른아홉이다.[3]

어떤 기록에는 선생의 사인을 '허로증'이라 하고, 다른 기록에는 '체증'이라 했다. 둘 다 의문이 따른다. 일제로서는 어느 민족주의자나 독립운동가 못지않게 그의 일거수일투족이 두려운 인물이었다. 지하 비밀 단체는 자신들이 만든 법령에 따라 처벌하거나 규제하면 끝이지만 '먼 장래'에 대비하여 한글을 가르치고 민족혼을 불어넣은 인물에는 당장 대처할 방법이 따로 없었다.

한민족의 정체성이기도 하는 한글연구에 모든 것을 걸고 우수한 청년들을 모아 가르치고, 이제 망명 준비까지 하고 있는 것이 총독부의 촉수에 걸렸을 터이고, 그래서 약물이나 다른 극단의 방법을 동원했던 것은 아닌 지 의문이 남는다. '허로증'이나 '체증'이 갑자기 죽는 병이 아니기 때문에 생기는 의문이다.

---

3 『나라사랑』, 제4집, 27~28쪽.

미국 교민신문
〈신한민보〉의 보도

◇

주시경의 길은 누구나 걷지 않는 길이었다. 아무나 쉽게 걸을 수
있는 길이 아니었다. 그만큼 외롭고 고독한 외길이었다. 종(從)으
로 500년에 닿고 횡(橫)으로 5,000년을 내다보는 역사의 길, 문명
화의 길이기도 하였다.

갑작스런 비보에 제자들과 그의 헌신을 아는 동포들은 통곡하
고 총독부의 늑대들은 미소를 지었을 것이다.

사망 5일 뒤인 7월 31일 상동예배당에서 조촐한 장례식이 거
행되었다. 유족·종교인·교육가·학생 등 300여 명이 참례한 가
운데 경기도 고양군 은평면 수색리 고택골 공동묘지에 안장되었
다.

〈매일신보〉가 1914년 7월 29일자에 한글 학자 주시경 선생의
부고 기사를 한문으로 상세히 보도하고, 미국 교민들이 발행하는

〈신한민보〉가 9월 3일자에 한글로 '내지신문 번등(翻謄)'이라 밝히면서 이를 보도하였다. '내지'는 한국, '번등'이란 다른 글로 옮겨 베낀다는 뜻이다. 〈내일신문〉 기자는 상가를 찾아 부인을 만나고, 생전에 고인과 인연이 깊은 인사들을 찾아 의견을 듣고 기사를 쓴 것 같다. 다음은 〈신한민보〉의 기사 전문이다.

국어패왕 장서(國語覇王長逝)

한국 국어계에 패왕되는 주시경 씨는 7월 27일에 경성 서부 자택에서 허약증으로 세상을 떠나니 아아~ 국어연구계의 큰 불행이로다. 이 흉보를 듣고 그 자택으로 찾아가니 온 집안에 기색이 참담하며 학생 사오 인이 대청하여 장례를 준비하기에 심히 분망하고 미망인과 그 끼친 자녀는 눈물을 머금고 송종(送終)·염구(殮具)를 바느질하니 가히 씨의 평일 빈궁한 학자의 생활을 추측하여 알겠더라. 학생의 소개를 얻어 미망인에게 조상(弔喪)하는 뜻을 말씀하니 부인은 눈물이 얼굴에 가득하여 가로되, "가부(家父)의 덧없이 세상을 떠남은 전혀 평일 교육에 분주하여 그 담부(擔負)가 자못 무거우나 일신의 괴로움을 돌아보지 아니하고 잠시도 쉬이지 않은 결과로 수년 이래에 신체가 허약하더니 필경 백약이 무효하여 다시 일어나지 못함이라." 하고 목이 메여 능히 말을 못하더니 다시 눈물을 씻으며 왈, "항상 상오 7시경에 집에 돌아와서는 다시 국어와 및 다른 학술연구로 밤이 늦도록 책상을 떠나지 못하고 있다가 그 이튿날 의연히 각 학교에 교수하러 가더이다."

일찍이 들으니 씨의 집 건너편에 일인의 공창(工廠)이 있는데 매일 밤 열두시에 역사(役事)를 피하고 씨는 그 후에 비로소 침실에 나아가니 밤 열두시 후에 쉬이는 것을 가히 알지라, 그런고로 씨의 고심을 슬퍼하는 사람들이 간절히 그 몸을 보중함을 권하니 씨가 추연히 옷깃을 여미고 두눈에 눈물이 핑돌며 가로되, "저 사람의 세력을 벗어나고저 하는 우리가 어찌 저 사람보다 먼저 쉬이리오." 하더라.

자녀는 오남매가 있는데 맏딸은 숙명여학교를 졸업하고 그밖에 사남매는 모두 어린아이라. 씨가 평일 약소한 수입으로 겨우 처자를 살린 외에 저축함이 없는 고로 한 번 눈을 감은 후에 소조(蕭條)한 책상자 속에 끼친 바 긴 물건이 없으니 차호(嗟乎)로다. 누가 그 유족을 구호할꼬. 건넌방에 근심없이 누웠는 주 씨는 어찌하여 자기의 일생 대업을 완전히 성취하지 못하고 이같이 가족의 비운도 생각하지 아니하고 황천의 먼길로 향하였는지 보는 자로 하여금 한 움큼 동정의 눈물을 금치 못할러라.

다시 씨로 더불어 평소에 교분이 두텁던 휘문(徽文) 의숙장(義塾長)을 찾아가니 씨가 한참 맥맥히 말이 없다가 창연히 가로되, "이제 돌연히 저를 구천에 영별하니 통석하는 점은 형언하기 어렵소, 저의 천성은 온후평화하며 연구하는 힘이 굳세고 특히 저는 수십 년 전부터 그 일신을 국어연구계에 바쳐 오늘까지 이르도록 오랜 세월에 잠시도 그 뜻을 변치 않고 시종이 여일하여 조리없고 규칙없는 한국국어로 하여금 그 숨은 빛을 발하였고 또 저는 가난함을 잘 견디기에 사소한 수입으로 다솔(多率)이 지내여 가나 털끝만치도 궁곤한 빛을 나타내이지 아니하며 남의 환난절고에는 먼저 나서서 구조하며 남을 교접하는 성질은 혼연한 일단춘풍이라.

그 실증을 말하건대 금일 각 학교에 있는 저의 제자가 수천 인에 달하나 거개 저를 부형(父兄)같이 앙모하여 한 사람도 공경치 않는 자가 없는 것을 보면 가히 알지니 생각건대 저의 두 눈은 그 속이 환하게 넓어서 아무것도 가려운 것이 없고 다만 평생에 이상과 희망은 전혀 일반 청년의 앞길을 열어 주며 국어의 쇠운을 힘껏 잡아 돌림에 있어, 자못 이에 먹는 것도 잊고 자는 것도 폐지하여 애를 썼으며 수다한 학교를 순회 교수하니 한 주일 동안 교수 시간표는 학생의 수업시간보다 더 많았으나 하루라도 빠져 본 일이 없으며 왕래에는 결코 인력거나 말을 타지 아니하였고, 바람, 비, 눈을 무릅쓰며 큼직한 책보퉁이를 끼고 다님으로 학계에서 주보퉁이란 별명까지 있더라.

슬프다. 황천이 일찍이 어진 사람을 부르사 씨가 삼십구 세에 두 손을 뿌리치고 티끌 세상을 떠나니 침침한 국어계에 그 누가 다시 횃불을 들리요."[4]

4 『주시경 학보』, 제1집, 273~274쪽, 재인용.

유고 시와
추모기사

◇

주시경 선생은 죽음(죽임)을 앞두고 시 몇 편을 남겼다. 「물결의
배」와 「부뚜막의 소금」이다. 짧은 시이지만 긴 울림이 담긴다.

물결의 배

바람이 몹시 불고
물결이 크게 일어나는 바다에 뜬
저 한 조각 배에 있는 이들아
네 몸을 네 몸대로 두고
네 맘을 네 맘대로 차리어야
저 언덕에 닿아 보리라.

부뚜막의 소금

부뚜막의 소금도
집어넣어야 짜다 하니
가까운 것은 가지기가 쉽다고
그대로 두고 믿기만 하는, 끝에는
손이 미치지 못하리라.[5]

당시 미주에서 활약하던 작가이면서 〈신한민보〉의 기자로서
앞에 소개한 추모기사를 '빈등'했던 필명 동해수부는 같은 신문
에 '다 같이 흘리는 눈물'을 다시 실었다. 당시의 정황상 국내에
서는 추모사 같은 글을 쓰기도 쉽지 않고, 실을 지면도 없었을 때
이다.

다 같이 흘리는 눈물

퍼시아 동방의 비단이나 중국 소황주 영초는 찬란히 구름같이
공교히 그림같이 그 문채 그 미술을 가져 천하 사람을 점잖게
또는 맵시나게 입히며 단장하나니 이는 저 비단을 입는 자의 재
조가 아니요, 끝없이 불쌍한 누에(蠶) 늙은이가 죽도록 섶을 의지

---

5 『나라사랑』, 제4집, 34쪽.

하야 기입을 뽑아내야 직조(織造)를 공급한 공이라.

그러나 이 세상 사람이 죽정이만 남은 후에 늙은이를 위하야 뜨거운 눈물을 펑펑 흘리는 자가 그 누구이뇨? 대저 연구가의 마지막 길이 조금도 틀림없이 이와 똑같으니 우리나라에 단 하나요 둘도 없던 국어 패왕이 또한 여기서 죽정이만 남았도다.

오호라! 한강의 맑은 물이 밤낮 없이 철철 흐르며 종남산(終南山) 가을바람 더구나 소슬하니 가히 선생의 본령, 선생 정신을 방불히 얻어 보려니와 수간두옥(數間斗屋) 경경(耿耿)한 등불 밑에 밤이 늦도록 선선한 옷깃을 다 적시는 미망인, 또한 그 어린 것들 누가 알뜰히 위로하리오!

우리 일반 사람에 통도한 눈물이 거의 바다를 이루는 때에 평일 선생을 사모하던 동해수부도 제 딴은 너무 애감하야 이 글을 쓰노라(동해수부).[6]

---

6 앞의 책, 275쪽, 재인용.

추모사업과 업적 평가

살얼음판 속에서도
추모사업

◇

일제강점기 중·후반, 그러니까 1936년 12월 총독부가 항일운동으로 치안유지법을 위반하고 전향하지 않는 사람을 감시·처벌하고자 '조선사상범보호관찰령'을 공포하고, 1937년 6월 온건하고 타협적인 민족개량주의 운동단체인 수양동우회 회원들까지 검거하면서, 국내에서는 소수의 사회주의계열의 지하운동을 제외하면 항일운동이 거의 불가능했다.

1937년 7월 일제가 중국을 침략하면서 시작된 중일전쟁으로 전시체제가 선포되어, 한반도는 거대한 병영이고 전시물자 수탈처가 되었다. 신사참배가 강요되고 금비녀·금가락지를 뽑아 일제의 국방비로 헌납하자는 애국금자회에 여성 명사들을 앞장세웠다.

항일민족운동이 자취를 감추고 있을 때, 그 이전부터 공개적으로 민족운동의 맥을 이은 것은 한글운동계열 인사들이었다. 1921년 12월 김윤경·장지영 등 주시경의 제자들을 중심으로 16명이 조선어연구회를 조직한 것을 시발로, 1926년 11월 최초로 한글날 행사, 1927년《한글》잡지 창간, 1929년 10월 조선어사전편찬회 조직, 1930년 7월 하기 한글강습회 개최, 1930년 12월 「한글 맞춤법 통일안」 제정을 위한 준비, 1931년 1월 조선어학회 구성 등에 이르기까지 줄기차게 저항하면서 조직을 유지하였다.

결국 1942년 10월 일제가 우리말과 글의 연구에 대한 탄압책으로 조선어학회 회원 30여 명을 검거·투옥하여, 1년여 동안 경찰서 유치장에서 온갖 고문과 회유를 자행한 끝에 '학술단체를 가장한 독립운동단체'라는 죄명으로 기소하고, 이들 중 이윤재·한중·최현배·이희승·정태진·이극로 등 13명이 공판에 회부되었다. 이윤재와 한중은 심한 고문으로 옥사하고 나머지 분들은 대부분 해방을 맞아 석방되었다.

주시경 선생이 뿌린 우리말과 글의 연구에 대한 씨앗이 이른바 전시체제에서도 숨죽이지 않고 치열하게 전개되었다. 스승에 대한 추모사업도 끊이지 않았다. 일제의 강압으로 강제 폐간 당한《개벽》의 명맥을 이은 잡지《별건곤(別乾坤)》1926년 11월 창간호에서 주시경 선생의 유족을 찾아 근황을 살피고, 신생사에서 발행한 1929년 9월《신생(新生)》제2권 제9호의 표지에 '주시경 선생 15주기 기념호'라 붙이고, 권덕규·이병기·최현배·백남

규·정열모·신명균·이능화의 글을 싣는 등 몇 차례에 걸쳐 추모 특집을 꾸몄다.

조선어학회는 1932년 7월 《한글》 제1권 제3호에 가람 이병기의 「한힌샘 스승님」이란 추모 시조를 실었다.

한힌샘 스승님

온누리 컴컴하고 바람도 사나운데
꺼지는 그 등불을 다시 밝혀 손에 들고
그 밤에 험궂은 길에
앞을 서서 가시다.

진 데나 마른 데를 어이 골라 디디오리
비 오고 눈이 오든 밤과 낮을 가리오리
다만 그 바쁘신 길을
다 못 걸어 가시다.

꾸밈과 진장함은 좀애도 없으시며
비웃고 시위하여 기리는 이 뉘이오리
스스로 믿으신 마음
예어갈 뿐이외다.

덜거츤 옛 동산에 길이 새로 뇌었어라
어리던 잠을 깨고 서로 따라 나아가니
제마다 새 눈 뜨이며
에헤애해 하노라.

헐고 무너지고 그 무엇이 남았으리
밟고 가신 그 자취에 먼지라도 귀엽거든
하물며 또 다시 없는
이 보배를 위함에랴.

어져 동무들아 의발만 이를소냐
넓은 그 이마에 빛나는 슬기시며
크고도 깊으신 안이야
다시 헬 수 없노라.[1]

_____

1 『나라사랑』, 제4집, 30~31쪽.

해방 후
'주시경 선생 유고' 간행

◇

1945년 해방을 맞아 주시경 선생의 추모사업은 활기를 찾았다. 1946년 4월 선생의 셋째 아들 주옥산은 어버이를 추모하는 뜻으로 장지영의 '서문'을 붙여 『조선어문법-주시경 선생 유고』를 정음사에서 간행하였다.

유고집은 1984년 4월 민속원에서 『주시경 선생 유고』로 개제되어 다시 간행되고, 권덕규의 「소전(小傳)」과 이병기의 「한힌샘 스승님」이란 시조, 장지영의 '서문'을 새로 실었다. 유고집에는 선생이 쓰셨던 「조선어 문전음학」, 「조선어 문법」, 「말의 소리」 등 주요 저술이 원문대로 실렸다. 서문의 몇 대목을 뽑았다.

이 세계에서 남의 나라 침략을 일삼는 악독한 제국주의국가는, 저 혼자 잘 살기 위하야, 남들의 목숨과 천량을 빼앗으러 들때, 그것을 길이길이 제 것을 만들고자 하는 방법으로, 그 나라 사람의 역사를 없애며, 말을 없애며, 글을 없애려 한다.

우리는 왜적에게, 이 참혹한 시험을 당하였다. 우리의 역사를 앎으로, 또는 배움으로 죽임을 입었으며, 우리말과 글을 캐어 알고, 바로 잡아 펴려 하다가 악독한 형벌을 받으며 또 목숨을 빼앗겼다.

내가 이 스승을 처음 모시게 된 것은 기원 사천이백사십일 년 여름이니, 그때 스승이 제2회 국어강습회를 남대문 안 상정승골 청년학원 안에 열으셨을 제, 내가 거기에 입학하여 스승께 우리말법을 배웠나니, 이것이 처음으로 국어와 친하게 된 것이었다.

그로부터 스승께 가까이 하게 돼서 스승의 뜻하시는 바와, 겪으시는 바를 잘 알게 되었다. 스승은 살림이 몹시 가난하되, 조금도 거기에 굽히지 아니하시고 견디고 이기며 오직 한 마음이, 우리말과 글을 잘 다듬고 바로 잡아, 우리 겨레에게 널리 가르쳐서, 우리 겨레로 하여금 자주독립 정신이 일어나도록 하기에만 있었다.

그러다가 몇 해 지나 슬프게도 경술년 가을에, 왜적이 마침내 우리나라를 빼앗아가매, 스승은 우리 몇 사람과, 땅을 두드리고 하늘을 부르며 목을 놓아 울었다. 그러다가 스승은 외쳤다. "한갓 울어서 아니 된다. 우리는 우리나라를 다시 찾기로, 굳게 맹세하고 함께 일해야 한다. 죽기까지 힘쓰자" 하고, 그 뒤로 젊은 국민을 가르치는 것이 시급한 일이라 하여, 여러 학교의 국어과목을 맡아, 날마다 동으로 서로 돌아다니면서 가르치느라고, 나중에는 기운이 다하여, 교단에 쓰러지기 몇 번이다가, 마침내 기원 사천 이백십사 년 여름에 이 세상을 떠나시고 말았다.

스승의 뜻을 이루지 못하시고, 돌아가신 이를 생각할 때에, 슬픔은 날이 감을 따라 깊었었다. 하물며 오늘날 왜적을 쫓아내고 우리나라를 찾게 되는 때, 더욱 우리글을 이처럼 다시 찾아 떠바치고 외치게 되매, 아아! 우리 스승은 이러한 경사를 못 보시니, 참으로 슬픔을 누를 길이 없도다. 스승의 맑으신 넋이 하늘 위에 계셔서, 혹시나 이 셈판을 내려다보시고 빙긋이 웃으시는지, 알길이 바이 없으매, 홀로 가슴만 뛰어지는 도다.

이때 스승의 착한 아드님이 돌아가신 어버이를 우러러 사모하며, 스승의 끼치신 글발을 거두어, 이를 막어 세상에 펴고자할 때에, 나더러 사연을 한 줄 적으라 하니, 이제 나는 내 글발을 바들고, 마치 스승의 얼굴을 다시 뵈옵는 듯하여 천만오리 마음의 실마리는 얽흐러져 결을 잡을 바를 모를 새, 이에 나의 심정을 두어 마디로 적어. 다시금 스승을 사모한다.[2]

---

2   장지영, 「서문」, 『주시경 선생 유고』, 2~3쪽, 민속원, 1984.

국립묘지 이장,
연구소 열고 '학보' 간행

◇

1960년 4·19혁명 후 각계 인사들로 '고(故) 주시경 선생 이장 추진위원회'가 구성되고, 그동안 경기도 수색 고택굴 공동묘지에 방치되었던 묘소를 이해 10월 1일 경기도 남양주군 진접면 장현리로 이장하고, 제자 최현배가 짓고 후학 정인승이 쓴 묘비명을 세웠다. 서거 46년 만의 일이다.

다시 선생의 유해를 국립묘지로 이장해야 한다는 여론에 따라 1981년 12월 12일 광복회와 한글학회가 주관하여 동작동 국립묘지 국가 유공자 제2묘역으로 이장하여 오늘에 이른다.

묘비명

스승은 열아홉 살 때 갑오경장의 해에 서울에 올라와 배재학당에 들어 신학문을 닦고, 학문과 영어의 공부에서 우리말, 글의 훌륭한 가치를 깨닫고 이의 연구에 착수하니, 이것이 실로 배달의 말, 글이 과학스런 진리 탐구의 괭이를 보기 처음이었다.

이로부터 스무 해 동안, 혹은 정치운동에, 혹은 사회개량운동에, 혹은 순한글 신문내기에, 마침내는 망국민의 생활에까지 갖은 풍상과 온갖 고난을 겪으면서도 우리말과 글 연구에는 잠시의 쉼도 없이 그 밝혀낸 학리를 베풀어 〈말본〉과 〈말모이〉를 지으며, 서울 안 모든 중등학교와 일요강습소까지 혼자 도맡아 가르치기에 편한 날 없이 성근을 다하다가 드디어 서른아홉 살 장년으로써 아깝게도 이승을 하직하였다.

스승은 실로 배달 말, 글의 과학스런 연구의 개척자이요, 국어교육 한글 운동의 선구자이었다. 우리들이 국어 존중, 한글 사랑의 겨레 정신으로써 왜정의 압박에 항거하고 해방을 맞아서는 국어 교육, 한글 운동의 줄기찬 발전을 이룬 것은 다 직접 간접으로 스승의 끼친 교화의 소치이다.

아아! 갸륵하다. 스승은 겨레 정신의 영원한 거울이요 한글문화의 불멸의 봉화이다.[3]

추모사업은 계속되었다. 1974년 7월 한글학회는 민족문화협회, 세종대왕기념사업회와 공동으로 서거 60주기 추모식과 흉상

---

3 『나라사랑』, 제4집, 32쪽.

제막식, 강연회를 갖고, 1976년 12월 국어학회는 선생 탄생 100
돌을 기념하여 이기문 편『주시경 전집』상·하 두 권을 아시아문
화사에서 간행하였다. 한글학회는 1986년 10월 한글날을 맞아
천안 독립기념관 뜰에 선생의 〈말씀비(어록비)〉를 세웠다.

북한에서도 선생의 유업을 기리는 행사가 있었다. 1957년 10
월 북한 언어문화연구소는 한힌샘 탄생 80주년을 맞아『주시경
유고집』을 간행하고, 1961년 12월 평양의 과학원에서 선생 탄생
90주년 기념행사를 열었다. 김병제·홍기문·이극로·이기영 등
한글학자·교육자·문인 등이 참석하였다.

선생 탄생 111주년을 맞은 1987년 12월 서울에서는 도서출판
탑 출판사 안에 '주시경 연구소'가 설립되고, 1988년 7월부터 탑
출판사의 '주시경 연구소' 주관으로『주시경 학보』가 간행되면서
연구가 본격화되었다.

연구소 책임을 맡은 김민수 소장은 〈학보〉 창간사에서 "아직
장년의 나이인 37세 7개월을 일기로 평생의 숙망이던 구국일념
을 이루지 못한 채 아깝게도 유한의 생애를 끝마쳤다. 그러나 그
의 육체는 갔어도, 그가 남긴 공적은 사라지지 않고 있다"고 추
모하였다.

창간사는 이어 "가장 명심할 것은 단순히 우리 선현의 유업을
선양함에 그쳐서는 안 된다는 점이다. 과거의 역사적 공적과 시
대적 사상을 오늘에 새롭게 다시 살리되, 현재와 미래에 알찬 피

와 살이 되게 해야 하기 때문이다"[4]라고 다짐하였다.

우리나라 근현대사의 주요 인물 중에서 연구와 업적으로 '학
(學)'을 이룰만한 분이 몇이나 될까, 그리고 그의 이름으로 〈학보
(學報)〉를 발행하는 경우는 처음일 것이다.

4　김민수, 「'주시경 학보'를 창간하면서」, 『주시경 학보』 제1집.

남한 학자의
주시경 선생 평가

◇

주시경 선생의 업적을 요약해서 정리하기란, 거대한 낙락장송을 작은 분재에 옮겨 심는 일처럼 무모한 작업이 될 것이다. 그래서 남북 전문가의 노작을 빌리기로 한다. 먼저 남쪽의 이강로 교수의 글이다.

"스승께서는 몇 천 년 동안 한문을 쓰는 데에 고질이 되다시피 한 누습을 용감하게 깨뜨리고, 우리말의 한글만 쓰기, 어색한 한자말의 순우리말로 고치기, 한글의 풀어쓰기, 우리말의 말소리와 말본의 연구 등 우리 민족과 학계에 끼친 공로는 정말로 크다고 아니할 수 없다"[5]라면서 다섯 가지를 들었다. 요약한다.

---

5 이강로, 앞의 책, 135~136쪽.

첫째, 우리말의 한글만 쓰기—요새의 한글 전용으로서, 우리 말이 되버린 한자어를 구태여 어려운 한자를 빌어 표기할 필요가 없는 것은 뻔한 일이다. 이것을 스승께서는 강의를 통하여, 또는 손수 지은 『조선어 문법』, 『말의 소리』를 통하여 그 본보기를 보이었다. 이 정신은 그의 제자의 정신 속에 불어 넣어, 한글을 전용하는 문자 생활의 근대화운동이 여기에서 실천되어 현재 활발히 진행되고 있다.

둘째, 한자말의 우리말 고치기—아주 익어진 한자말이야 그냥 쓰는 수밖에 없겠으나, 일본식 한자어('손질'을 '수입[手入]'이라고 하는 따위)는 빨리 이 땅에서 자취를 감추어야 한다. 벌써 60년 전에 스승께서 국어정화운동을 시작하였는데, 이 이념이 아직도 그 완전한 실행을 못 보고 있는 것은 겨레의 수치요, 선각자에 대한 무성의다.

셋째, 한글의 풀어쓰기—한글을 풀어쓰지 않고서는 한글의 완전한 기계화는 실현되기 어렵다. 이 점을 그때 벌써 착안하시어, 한글 수료증 등에서 시범을 보이었으니 한글 기계화의 기초 과정인 풀어쓰기도 스승께서 그 싹을 틔어 놓았다. 그의 제자 최현배 님이 이것을 발전시켜 더 편리한 것으로 만들었다.

넷째, 우리말의 말소리와 말본—이 공로야말로 스승의 업적 중에서도 첫 손가락을 꼽을 만한 영구불멸의 큰 공로요, 업적이다. 그때까지 우리말을 겨레들이 쓰기는 하면서도 갈고 닦을 줄

몰라, 그냥 버려두었던 것을 스승께서는 알알이 주워 하나하나를 갈고 닦아 그 특성을 밝히고 기능을 살펴 연결의 큰 원리를 찾아 내고, 글월 만드는 큰 법칙을 세워서, 전 사람이 꿈도 못 꾸던 엄청난 일을 모두 파헤치어 갈고 닦아서 우리 겨레에게 알리어 주었다.

다섯째, 맞춤법의 제정에 대한 공로―국문연구소에 제출한 문제와 스승의 세 가지 저서들에서 한글 맞춤법의 기초가 될 원칙, 기본 이론들을 제시하였다. 이것이 계기가 되어 1933년에 한글 맞춤법을 제정하게 된 동기를 주었으니, 이것도 스승의 공로에 힘입은 바 절대하다.

이상 다섯 가지 이외에도 직접·간접으로 겨레와 국어 학계에 끼친 공로는 이루 헤아릴 수 없을 정도이다. 이런 많은 일을 스승 께서, 학교 교육을 통하여, 국어강습소의 강습을 통하여 이루어 놓았다.

다음은 국어를 연구하는 방법을 제시하고, 국어를 교육하는 방향을 제시하여, 많은 국어 학자를 길러냈다. 스무 군데가 넘는 강습소, 학교들에서 십 년 동안을 불철주야로 가르친 제자는 수 없이 많고, 이 제자들은 모두 스승의 영향으로 국어를 통하여 겨 레에 봉사하였다.

특히 이름 높은 국어 학자 최현배, 김윤경, 이병기, 장지영 등은 거의 모두 스승의 문하에서 가르침을 받은 제자이고, 그밖에 간접적으로 그 영향을 입은 분들이 수없이 많아, 일제의 혹독한 탄압 속에서, 우리말·우리글을 말살하려는 저네들의 침략정치 속에서, 현재와 같은 위치를 점하게 한 것도, 가깝건 멀건 거의 모두 스승의 교육에 힘입지 않음이 없다. 이런 점에서 주시경 스승은 세종대왕과 병칭할 수 있는 위대한 업적을 남긴 교육자요, 겨레의 은인이다.[6]

---

6   앞의 책, 136~137쪽, 발췌.

북한 학자의
주시경 선생 평가

◇

북한 학자의 평가를 소개한다. '주시경 선생의 과학적 리론과 견해'를 쓴 황부영은 남한에는 잘 알려지지 않은 학자인데, 북한에서 1950~60년대에 한글 형태론 분야의 많은 글을 발표하고, 단행본으로 『15세기 조선어 존칭 범주의 연구』를 발간하였다. 논문의 마지막 부분이다.

주시경 선생은 탁월한 언어 학자였을 뿐만 아니라, 동시에 과학자로서의 훌륭한 기질, 품성도 소유하고 있다.

선생은 언제나 조선 민족의 자주성을 존중하는 립장, 연구 사업에서 구체적 립장을 견지하였다. 선생은 『국어문법(國語文法)』의 발문에 "이 글은 금(今)에 두루 쓰이는 문법으로 웃 듬을 삼아 꿈임이라 그러하나 우리나라 말에 맞게 하노라 함이라"(유고집

160쪽)고 썼다.

그러면서도 선생은 또한 남의 것을 덮어 넣고 받아들이려 하지 않는 그런 협소한 립장도 배격하였다. 선생은 "이 글은 우리 나라 말에 맞게 하노라 함이라 더 좋은 것이 있으면 반듯이 그를 따를지라, 그러하나 그 참 뜻은 캐지 못하고 딴 곳을 파는 말이야 엇지 다 가리리오"(유고집 160쪽)라고 말하였다.

선생은 자기의 모든 과학 활동을 언제나 인민의 리익을 옹호하는 립장에서 진행하였다. 어떻게 하면 조선 인민의 언어 생활과 서사 생활을 더 편리하게, 더 훌륭하게 할 수 있을까 하는 문제 해결에 자기의 심혈과 정성을 다 바쳤다.

선생의 고창하고 지도한 국문 운동이나 언문 일치 운동, 한자 폐지나 가로, 풀어쓰기, 철자법의 완성을 위한 완강한 노력, 누구나 쉽게 알 수 있는 학술 용어를 만들려는 립장 등, 이 모든 것은 어느 것이나 인민적 립장, 관점의 안받침이 없이는 생각할 수 없는 것이다.

선생은 또한 자기의 연구 성과들을 대담하게 실천에 옮기려고 노력한 그런 과감한 개혁가이기도 하였다. 거의 모든 사람이 한 문체와 국한문 혼용체의 글을 쓸 때 선생은 남의 시비를 아랑곳 없이 순 국문체의 글들을 솔선해서 썼다. 선생은 순 국문체로 자기의 마지막 저서를 집필했고 오늘에 와서도 읽는 사람의 심금을 울리는 글 『국어어 국문의 필요』를 통하여 선생은 당시의 조

선 사람들에게 우리 문자로서도 얼마나 훌륭하고 감동적인 글을 쓸 수 있는가를 실지로 보여 주었다.[7]

---

7   황부영, 「주시경 선생의 과학적 리론과 견해」, 『주시경 학보』, 제5집, 256쪽, 재인용.

제13장 추모사업과 업적 평가

주시경 연구소
'설립 취지문'

◇

주시경 연구소는 1987년 1월 21일 연구소 준비위원회의 이름으로 '주시경 연구소 설립 취지문'을 발표하였다. 전반부에서 선생의 삶을 되살리면서 여러 가지 업적을 상기하고, 후반부에서는 유지 계승과 향후의 과제를 제시한다. 취지문의 후반부를 소개한다.

한힌샘의 업적 가운데서 가장 큰 것은 우리말과 글의 과학적 연구와 보급이다. 한힌샘은 어문 민족주의를 바탕으로 우리의 전통적인 언어연구의 경험과 서양의 언어연구 이론을 적절히 통합하여 현대적 의미와 국어학을 창건하였다. 한힌샘은 독립신문사의 교보원을 지내었고 독립협회 회원이기도 하였다. 사회학자들은 한힌샘을 애국계몽사상가로 규정하기도 한다.

그는 각급학교와 강습기관을 통하여 수많은 제자를 길러냈다.

그의 문법이론은 통보이론과 기호학의 지식이 없이는 이해할 수 없게 구성되어 있고 구조언어학이나 변형생성문법의 모형을 연상하게 하는 측면이 상당하다.

그를 보는 각도를 달리할 때는 보다 높은 단계의 사상체계를 지니고 있지 않았겠느냐 하는 물음도 던질 수 있다. 이렇게 본다면 한힌샘은 종합적으로 연구될 필요가 있다.

우리가 알고 있는 좁은 의미의 언어학 지식으로는 한힌샘의 사상은 물론, 그의 학문체계를 옳게 파악할 수 없다. 기호학, 사회학, 심리학, 역사·지리학, 철학, 종교학, 수리학 등 인접학문과의 상호접촉을 통해서만 "한힌샘학"의 넓이와 깊이를 헤아릴 수 있다고 생각한다.

한힌샘의 사회활동은 정치사, 사회사, 교육사의 측면에서도 깊이 규명될 수 있다. 이를 위하여는 '주시경 연구소'의 설립이 불가피하다. 연구소 설립의 첫째 목적은 한힌샘을 연구함으로써 우리말에 뿌리를 둔 한국의 언어학 발전에 이바지하는 것이다.

다음으로는 한힌샘을 연구하는 것이 개화기나 일제시대의 인문사회현상의 전반을 연구하는 길로 이어질 수 있다는 것이다. 한힌샘은 많은 저술을 남겼다. 『국어문법』 같은 책은 끊임없이 교감작업이 시도되어야 하고 다른 저술들도 주석과 현대역이 이루어져 독자층을 넓게 확보해야 한다.

내일부터 태어나는 '주시경 연구소'는 우선 흩어져 있는 한힌샘 자료를 수집·발굴하고 이를 풀이하는 문헌적 연구에 중점을 두어야 한다고 생각한다. 이러한 성과를 포함하여 우리는 주시경의 학문사상과 직접·간접으로 관련되는 내용의 연구성과를 모아 정기적으로『주시경 학보』를 발간하려고 한다.

외국에서는 위대한 사상가나 철학자의 이름을 딴 연구소(Archiv)가 설립되어 이를 중심으로 그의 저술과 관계문헌을 한자리에 모아 놓고 사상을 체계적으로 연구하는 일이 많다. 우리 학문의 역사도 결코 짧지는 않다. 커다란 발자취를 남긴 학자나 사상가의 이름이나 아호를 붙인 연구소가 많이 설립되어 우리의 학문이 건전한 전통의 토대 위에 서게 되기를 바랄 뿐이다.[8]

---

8 『주시경 학보』, 제1집, 295쪽.

저자의 덧붙이는 사족 蛇足

◇

국어연구나 언어학자가 아니면서 한힌샘 선생의 평전 쓰기에 덤빈 것은 아무래도 무리였다. 오래 전부터 한힌샘은 내 두뇌의 중심부에 자리잡고 있었고, 서재에는 한글 관련 서책 70여 권이 꽂혀있다. 전문성이 없어 무리인 줄 알면서도 선생의 높고 넓고 깊은 산맥을 찾게 된 것은 순전히 한글 사랑 정신에 매혹된 때문이다.

우리는 한말 개화기와 일제강점기에 수많은 우국지사들을 기억한다. 나라 지키기와 국권회복에 앞장 선 분들이다. 민족의 자주독립을 위해 생명을 던지거나 일생을 바친 선열들이다. 그분들의 헌신으로 나라를 되찾을 수 있었고, 어느 정도 민주화와 경제성장을 통해 선진국의 입구에 이르렀다.

그런데 잊힌 선열들이 있었다. 독립운동의 또 다른 방향의 애국자들이다. 그들은 비록 총을 들거나 지하단체를 만들지는 않았

저자의 덧붙이는 사족

으나, 국내에 남아서 우리말·우리글을 지키고 연구한 순결한 사람들이다. 그분들의 중심에 아니, 맨 앞에 한힌샘 선생이 자리잡고 있었다.

비록 39년의 짧은 삶이었지만 선생은 민족만대에 큰 업적을 남겼다. 시국에 눌리고 생활고에 쪼들리면서도, 한글을 지키고 연구하고 교수하느라 한 눈을 팔지 않았다. 숱한 제자들이 민족의 얼을 간직하면서 스승의 길을 따른 것은, 백범 김구의 표현을 빌리면 '눈 덮인 들판을 걸을 때도 바르게' 걸었기 때문이다. 또한 청렴 강직하고 부지런한 학구열이 제자들을 감화시켰다.

저자의 연구부족과 능력의 한계로 한힌샘 선생의 음운론 등은 손도 대지 못하였다. 그래서 선학들의 연구업적으로 면책하고자 한다. 인류 최고의 천재라는 레오나르도 다 빈치의 마음을 둔재가 빌린다. 저자의 마음도 이랬다.

나보다 먼저 삶을 선물 받은 이들이 이미 유익하고 꼭 필요한 주제에 자신의 이름을 걸어버렸기 때문에, 나는 그리 유익하다거나 흥미로운 주제를 선택할 수 없음을 알고 있다. 그런 연유로 나는, 마치 너무도 가난하여 망설이다가 늦은 시각에 비로소 시장에 들렀으나 딱히 사야할 물건을 고를 능력도 되지 않아, 이미 다른 사람들의 흥정이 다 끝나고 제 값을 받지 못하는 물건만 수북이 쌓인 곳을 어슬렁거리는 꼴이 되어버렸다. 마치 그 물건들이라도 몽땅 사버리겠다는 듯.

나는 이후 쓸모가 없이 버려진 이 물건을, 수많은 손님들에게
서 외면당한 상품들을, 나의 누추한 짐 꾸러미 위에 실으리라. 그
리고 대도시가 아닌 가난하고, 순박한 농촌 마을을 돌며 예전에
내게 은혜를 베푼 이들에게 답례를 하며 다니리라.[1]

끝으로 역사의 인물에 남다른 안목과 의식을 갖고 계시면서
이 책을 출간하는데 도움을 주신 김풀(시인)·조금희 선생 부부에
게 고마운 마음을 전한다. 뱀의 꼬리(蛇足)는 짧은 것이 좋다고 했
지만, 필자가 다하지 못한 말을 선학의 글로 대신하고자 한다.

주시경 님의 『국어문법』의 서(序)에 따르면 그는 한 영역(공간
적)은 독립국가 형성의 바탕(基)이요, 그 영역에 삶을 받은 사람은
독립국가 형성의 몸(體)이요, 거기에서 쓰이는 말은 독립국가 형
성의 성(性)이라 하였고, 이 '성'은 그 중 가장 중요한 요소로서,
이 '성'이 없으면 바탕도 몸도 있을 수 없으니, 국가의 성함과 쇠
함, 국가의 있고 없음은 오로지 이 '성'인 말에 달려 있다고 하였
다. 그리고 우리나라는 개국 이래 천연 특성의 우리 '국어'가 4천

---

1 레오나르도 다빈치 지음, 안중식 옮김, 『레오나르도 다빈치의 수첩』, 뒤표지, 지식
여행, 2005.

저자의 덧붙이는 사족

여 년간 전하여 내려오고 세종대왕에 의하여 국어에 상당한 '국
문'을 만들어냈다고 하였다.[2]

"스승은 겨레 정신의 영원한 거울이요 한글문화의 불멸의 봉
화이다." –비문 중에서.

---

2   김석득, 『우리말 연구사』, 232쪽, 정음문화사, 1983.